WENN PFERDE ÄLTER WERDEN

Maleen Junge

Wenn Pferde älter werden

Haltung · Leistungsfähigkeit · Gesundheitsvorsorge

Franckh-Kosmos

Mit 14 Farbfotos von Jean Christen (1), Monika
Dossenbach (1), Werner Ernst (1), Bengt
Krauß (1), Karl-Heinz Krauß (1), Gert Lehmann
(1), Lothar Lenz (2), Edgar Schöpal (2) und
Sabine Stuewer (4) sowie 65 Schwarzweiß-
illustrationen von Reiner Zieger, Berlin.

Umschlaggestaltung von Atelier Jürgen Reichert,
Stuttgart, unter Verwendung von drei Fotos von
Lothar Lenz.

Die »Checkliste Gnadenbrothöfe« (S.100) wurde
mit freundlicher Genehmigung des Symposion-
Verlags, Esslingen, der »Stall-Apotheke 2/94«
entnommen.
»Stigandi – das Trekkingpferd« wurde mit
freundlicher Genehmigung von Gertrud Walz,
Winterberg abgedruckt.

Die Deutsche Bibliothek – CIP-Einheitsaufnahme

Junge, Maleen:
Wenn Pferde älter werden : Haltung,
Leistungsfähigkeit, Gesundheitsvorsorge /
Maleen Junge. – Stuttgart : Franckh-Kosmos, 1995
  ISBN 3-440-06902-8

© 1995, Franckh-Kosmos Verlags-GmbH & Co.,
Stuttgart
Alle Rechte vorbehalten
ISBN 3-440-06902-8
Printed in Germany / Imprimé en Allemagne
Satz: Utesch Satztechnik GmbH, Hamburg
Druck und Binden: Huber KG, Dießen

Wenn Pferde älter werden

Ein Ausritt mit Marcus

Als ich gestern von meinem Ausritt zurückkam, es war schon dämmrig und keiner der anderen Reiter mehr auf dem Hof, fragte mich der Bauer: »Na, wie war's?« Er lief gerade mit der Haferschüssel durch die Ställe der Privatpferde, seine Stuten standen noch auf den Weiden rings um den Hof und die kleinen und mittleren Fohlen auch. »Toll!« sagte ich. »Marcus ging superfrisch. Auf dem Maisstoppelfeld hat er mich abgesetzt.« Der Bauer lächelte nur milde.

Jeder unserer Reiter und Reiterinnen erzählt ihm das gleiche, immer sind die

Ein Ausritt mit Marcus

Pferde super, sauber, wunderbar oder tadellos gegangen. Doch er weiß, wovon wir sprechen, wenn wir aus der Halle oder dem Gelände kommen und zufrieden die Hälse unserer Pferde klopfen. Er züchtet Hannoveraner Warmblüter und reitet alle Dreijährigen selbst an. Er ist ein Mann mit Pferdeverstand. Einen Blick oder zwei wirft er auf ein Pferd, dann steht sein Urteil über Qualität und Brauchbarkeit des Tieres fest. Die Praxis danach hat noch nicht oft an seiner Entscheidung gerüttelt.

Doch ich wollte nicht von dem Züchter schwärmen, bei dem mein Vollblutaraber seit vielen Jahren ein Zuhause gefunden hat. Ich wollte Ihnen erzählen, wie es zu dem »Absetzen« an diesem Tag kam.

Und warum ich trotzdem ganz und gar nicht betrübt vom Ausritt zurückkam.

Es war ein Wochentag. Ich hatte meine tägliche Arbeit erledigt (die von mir selbst festgelegte Seitenzahl an dem neuen Roman geschrieben), jetzt durfte ich mit dem Fahrrad durch den Wald und die Feldmark fahren und mich demjenigen Familienmitglied widmen, das leider nicht im oder am Haus gehalten werden kann und darum meiner Meinung nach immer zu kurz kommt, zum Beispiel bei der Vergabe von Streicheleinheiten. Unser Riesenschnauzer hat es besser. Wenn Tante Elli an manchen Sonntagnachmittagen zu Besuch kommt und fragt: »Mußt du denn auch heute zum Pferd?« und dabei das Muß so vorwurfsvoll be-

Bei einem Ausritt muß man immer auf unerwartete Situationen gefaßt sein.

Austoben tut immer gut.

tont, daß ich fast wütend werde, sage ich ihr, daß man Verpflichtungen hat, wenn man sich Tiere anschafft, und daß man seine Zuwendung unter allen Lebewesen aufteilen muß, die zu einem gehören. Ein Muß ist es allerdings doch (ich sage Ihnen gleich, warum), aber auch eine große Freude, jedesmal wieder und hoffentlich noch viele Jahre lang.

Also, der gestrige Ausritt begann mit einer langen Schrittstrecke. Nicht, daß der Boden an diesem Tag nur Schritt zugelassen hätte. Die Wege um den Züchterhof herum und überall im Gelände sind fast zu jeder Jahreszeit für alle Gangarten brauchbar. Nein, Marcus und ich brauchen ein wenig Zeit am Anfang unserer Ritte. Er, um seine Gelenke zu erwärmen, ich, um meine Gedanken zu sortieren, sie abzulegen und den Kopf freizubekommen für die Gegenwart, den Ausritt. Als wir antrabten, hätten Sie mich lächeln sehen können. Nach den ersten Trabtakten registrierte ich nämlich: Marcus geht klar, kein Schonen, schon gar kein Lahmen. Nach einigen weiteren Tritten lächelte ich stärker. Es kam nämlich kein Husten. Nicht einmal ein Räuspern. Nur ein gern gehörtes, kräftiges Schnauben.

Wir trabten eine Zeitlang an einem Feld entlang, auf sandigem Boden. Ich mußte meinen Araber nicht treiben. An langem Zügel, mit leichter Anlehnung, ging er flott vorwärts mit seinen ausgreifenden Tritten, die das Traben zur reinen Freude machen. Als wir an den Wald kamen, parierte ich zum Schritt durch. Viele Wege in diesem Wald sind voller herausragender Wurzeln. Marcus schnaubte wieder. Diesmal erregt. Er sprang zur Seite. Ein Jäger hatte eine Plastiktüte im Gebüsch abgestellt und eine helle Thermos-

kanne daneben plaziert. Zögernd kehrte mein Pferd mit mir auf den Waldweg zurück, und witternd und vorsichtig schreitend ging es weiter.

Als der Boden besser wurde, sagte ich: »Wenn du möchtest, können wir galoppieren.« Er mochte, und als hätte er eine Gefahrenstelle verlassen, raste er los. Ich rief pausenlos: »Marcus, paß auf. Paß auf.« Marcus stolpert oft, wenn er sich mit anderen Dingen beschäftigt, anstatt auf die Beschaffenheit des Bodens zu achten. Wenn er scheut und ich sage, daß da nichts sei, was angst machen könnte, und er mir nicht recht glaubt und weiterhin in eine bestimmte Richtung starrt, weil er die Teufel und Monster entdecken will, die ihm nach dem Leben trachten, und dann stolpert, sich darüber erschreckt und zu mir sagt: »Also, da war doch etwas«, ist schon wieder ein Lächeln von mir fällig.

Diesen etwas wilden Galopp durch den Wald überstanden wir recht gut, nur in der Kurve am Ende des letzten Weges waren wir doch noch ein bißchen zu schnell, und ich meinte, ich hätte mich besser rechtzeitig hinsetzen und kräftig durchparieren sollen, anstatt mich, wie meistens, auf meine Stimme zu verlassen. Mein »Hoho! Hoho!« hatte heute kaum bremsende Wirkung. Marcus war wieder einmal dem Rausch seiner eigenen Geschwindigkeit verfallen und wollte noch ein bißchen seine Leichtigkeit genießen.

Um ihm diesen Genuß zu bieten, ritt ich auf ein Maisstoppelfeld, das seit dem Herbst ein Tummelplatz all unserer Reiter ist. Manchmal, im Winter, war der Boden zu schwer für Marcus gewesen, seine kleinen Hufe sacken eher ein als die von Großpferden. Doch gestern, es ist Gott sei Dank schon März, war der Boden

»Toll war's!«

ideal. Marcus galoppierte wieder an, ehe ich dazu bereit war, er schlug mit beiden Hinterbeinen zugleich aus, immer noch einmal, und ... ja, da hatte er mich auch schon abgesetzt. Ich landete recht sanft (ich empfehle Fallübungen in einem Judoverein!) und sah mein Pferd mit weiteren Bocksprüngen, glücklich wie ein freigekommenes Rodeopferd, zum Ende des Feldes laufen.

Na, das wird ein langweiliger Heimweg, dachte ich, den ganzen Weg zu Fuß in den fast neuen Stiefeln. Doch so recht mochte ich nicht daran glauben, daß Marcus mich da auf den Stoppeln liegen lassen würde, ohne sich zu überzeugen, daß mir nichts geschehen war. Und siehe da, er kam zurück, in ruhigem Schritt, er blieb stehen, schnaubte, stieß mich an und blies mir seinen warmen Atem ins Gesicht. Als ich mich aufrichtete, schubste er mich fast wieder um. Ich erhob mich, saß auf, und schon galoppierten wir wieder. Diesmal machte ich rechtzeitig die Beine zu, schimpfte: »Laß das!«, als Marcus wieder Freudensprünge vollführen wollte, und klopfte ihm den Hals. In einigermaßen normalem Tempo ritten wir über das Feld, dann noch einmal zurück, weil es so schön war, und dann noch einmal, weil mein Pferd es anbot und ich ihm die Freude machen wollte.

Im Schritt ging es nach Hause. Es dämmerte schon. Der Bauer fragte: »Na, wie war's.« Er erwartete, wie gesagt, keine Antwort. Doch ich wollte reden, schwärmen vor Begeisterung über das, was ich erlebt hatte.

Nun können Sie sagen: »Na, und? Was haben Sie denn schon erlebt? Wir amüsieren uns auch jeden Tag über unser Pferd,

es lahmt auch nicht, es hustet nicht, und es hat allerhand Einfälle, harte Hallenarbeit durch scherzhafte Einlagen erträglicher zu machen. Und abgeworfen zu werden ist ja nun nicht gerade lustig.« Wenn sie das sagen, dann lächle ich noch einmal. Diesmal besonders amüsiert und antworte: »Wie alt ist Ihr Pferd? Meins wird übermorgen zweiundzwanzig Jahre alt!«

Ja, mein Vollblutaraber ist nicht mehr der Jüngste. Ist er schon alt? Darüber wollen wir gleich sprechen. Ich jedenfalls mache mir nichts vor. Lange werde ich meinen Marcus nicht mehr reiten können. Darum genieße ich jede Minute, die ich noch auf ihm sitzen kann. Ich freue mich an seinen immer noch guten Bewegungen, seinem Verhalten im Gelände und der Art und Weise, wie er mich spüren läßt, daß er sehr wohl verstanden hat, was ich ihm gerade erzähle. »So ist das Glück«, denke ich und »Ich muß mich über das Jetzt freuen. Das Ende unserer langen, gemeinsamen Wanderungen ist abzusehen.«

Gilt nicht das gleiche für unser Menschenleben? Wenn wir auch den Gedanken verdrängen, das Ende ist abzusehen. Es kann weit entfernt liegen oder schon morgen erreicht sein.

Ich weiß, daß nach dem Zum-letzten-Mal-Satteln mein Pferd mir wohl noch ein bißchen erhalten bleibt. Doch wie lange noch? Die Menschen, die meinen Schimmel übermütig mit seinen Freunden auf der Weide toben sehen, die seinen hübschen Kopf und die lange Mähne und den Fasanenschweif bewundern, stellen spätestens nach der ersten Frage, wie alt Marcus sei, die zweite Frage:

Wie alt kann ein Pferd werden?

Ich habe diese Frage vielen Reitern, Züchtern und Tierärzten gestellt. Keiner von ihnen war bereit, mir sofort mit einer Zahl zu antworten. Alle fingen lange Sätze an mit vielen Wenn und Aber darin. Ich sagte dann: »Ein Mensch kann hundertundfünf Jahre alt werden, es soll auch ein paar noch ältere auf der Welt geben. Bitte, wie alt wird ein Pferd? Höchstens?«

Ein befreundeter Tierarzt, der selbst seine Stute fünfundzwanzig Jahre besessen hat, antwortete: »Warmblüter können vierzig Jahre alt werden, Ponys sogar sechzig. Kaltblüter schaffen am wenig-

Artgerechte Aufzucht ist eine Voraussetzung für jahrelange Gesundheit.

Eva, das Panjepferd

Das älteste Pferd, das ich gekannt habe, ist sechsunddreißig Jahre alt geworden. Es war ein russisches Panjepferdchen und lebte auf einem Bauernhof am Wörthersee in Österreich. Es hieß Eva, war nicht hübsch, aber sehr temperamentvoll und freundlich. Es war das erste Pferd, auf dem ich sitzen durfte und auf dem ich, über allen Wolken schwebend, im Apfelgarten herumgeführt wurde. Eva wurde nicht geschont, sie mußte hart arbeiten, doch sie wurde gut versorgt und verbrachte ihre freie Zeit stets auf einer Weide. Wir wohnten damals in der Nähe des Bauernhofes, und manchmal kam es vor, daß Eva früher auf die Weide gehen wollte, als ihr Kutscher es für diesen Tag geplant hatte. Dann kam sie schon einmal mit dem leichten, umgekippten Wagen auf der Asphaltstraße an unserem Haus vorbei. Rennend! Das Tack-Tack ihrer kleinen Hufe war weit zu hören. Wir Kinder liefen ans Hoftor, es geschah nicht jeden Tag etwas Aufregendes in dem kleinen Ort, und lachten über den Kutscher, den alten Jockl, der fluchend und Drohungen ausstoßend und manchmal auch humpelnd zu Fuß den Rest des Wegs nach Hause ging. Doch ich hatte gesehen, daß er Eva Möhren auf die Weide brachte und einen Eimer Wasser. Ich war si-

Eva war feurig und fleißig, 30 Jahre lang.

cher, wenn er sein Pferd daheim heil vorfand, würde sein Zorn schnell verrauchen.

Eva hat gearbeitet, bis sie dreißig Jahre alt war. Sie wurde ruhiger, und zuletzt fuhr die Großmutter mit ihr einkaufen. Ihr Trab blieb ausgreifend bis ins hohe Alter. Ich erinnerte mich an diesen Trab. Der ganze Ort sprach von Evas Gang- und Durchhaltevermögen, als sie der Tochter des Hofes das Leben gerettet hatte. Das Kind mußte in eine Klinik gebracht werden, in der eine Intensivstation zur Verfügung stand. In kilometerlangem Renntrab zog Eva die gummibereifte Kutsche in die kleine Stadt. Kein Hubschrauber hätte schneller sein können. Eva hat damals anscheinend selbst Freude gehabt an ihrer Leistung. Sie sah nie besser aus als nach dieser nächtlichen Fahrt, und sie hat den Kopf nie höher getragen und nie leuchtendere Augen gehabt, als sie trockengerieben und getränkt wurde danach.

Eva starb in einer warmen Nacht auf ihrer Weide. Allein. Am Tag zuvor hatte sie ihr Mash (S. 85) abgelehnt, mit dem sie schon seit einem Jahr wegen ihrer schlechten Zähne ausschließlich gefüttert worden war.

sten. Aber...« Und dann begann auch er aufzuzählen, wovon das Erreichen eines hohen Alters abhängig sei. Bei Pferden. Obwohl ich bei allen Kriterien für ein langes Pferdeleben auch immer an die Bedingungen denken muß, die ein hohes Alter bei Menschen möglich machen.

Die Aufzucht

Es fängt ja schon bei der Kindheit, nein, bei der Fohlenaufzucht an. Ein Pferd, das in seiner Jugend nicht gut gefüttert und nicht artgerecht gehalten wurde (ohne viel Auslauf, gute Weiden, gute Luft sommers wie winters), hat wenig Chancen, ein altes Pferd zu werden. Knochenaufbau und die Entwicklung aller Organe unter besten Bedingungen sind wichtig, damit das erwachsene Pferd allen Belastungen standhalten kann und nicht schon in jungen Jahren »auf« ist, wie so oft gesagt wird, wenn ein Pferd früh erschöpft ist und lahm ausgemustert wird. Zu guter Kindheit gehört auch überlegtes Züchten, die Abstammung. Ein Fohlen von leistungsschwachen Eltern, mit denen nie hätte gezüchtet werden dürfen, kann nicht robust werden und starke Beanspruchungen wegstecken. Nur die Schönheit oder der liebe Charakter oder Spring- bzw. Gangvermögen der Stute und/oder des Hengstes darf nicht ausschlaggebend für eine Paarung sein. Privatzüchter lassen sich da oft von ihren Emotionen hinreißen, zum Nachteil der Geschöpfe, die sie dann großziehen.

Frühzeitiges Ausscheiden

Zu frühes Anreiten senkt die Lebenschancen eines Pferdes ebenfalls. Es kann bald Probleme mit den Gelenken und dem Rücken bekommen, und wenn der

Tierarzt »Verschleiß« diagnostiziert, muß der nicht von zu hoher und zu häufiger Belastung gekommen sein. Meistens ist früher »Verschleiß« eine Folge von Unterentwicklung. Es gibt Pferde, die schon mit sechs Jahren an dauernden Lahmheiten leiden und damit am Ende ihrer Arbeitsfähigkeit sind, obwohl sie doch eigentlich in diesem Alter erst leistungsfähig werden sollten. Durch das Ausscheiden so vieler Pferde in jungen Jahren kommt es, daß Pferde, die mit zwölf Jahren noch voll geritten werden können, doch schon alt genannt werden, und ein siebzehnjähriger Rembrandt, der nach elfmonatiger Verletzungspause Dritter im Grand Prix wird, nach diesem Comeback bestaunt wird, als hätte ein alter Herr unter lauter jungen Teilnehmern eine Medaille bei einem Turnfest gewonnen.

Rechts:
Mit fünfzehn Jahren schwer verletzt, mit siebzehn wieder erfolgreich im Dressurviereck: Rembrandt unter Nicole Uphoff zeigt, daß Pferde bis ins hohe Alter leistungsfähig bleiben können.

Nächste Seite:
Oben: Wer ein Verlaßpferd sucht, ist gut beraten, wenn er ein älteres, erfahrenes Reitpferd ersteht. Diese vierbeinigen Senioren haben weniger Flausen im Kopf als ihre jüngeren Kollegen, sie nehmen auch falsche Hilfen selten übel und lieben den Umgang mit Kindern und Jugendlichen.
Unten: Ein flotter Ritt durchs Gelände macht allen Pferden Spaß, bietet Abwechslung vom Leben im Stall und von der dressurmäßigen Arbeit. Wann die Leistungsfähigkeit seines Pferdes nachläßt, muß aber jeder Reiter genau beobachten und einschätzen.

Ist dieses Pferd wirklich schon alt oder überlastet?

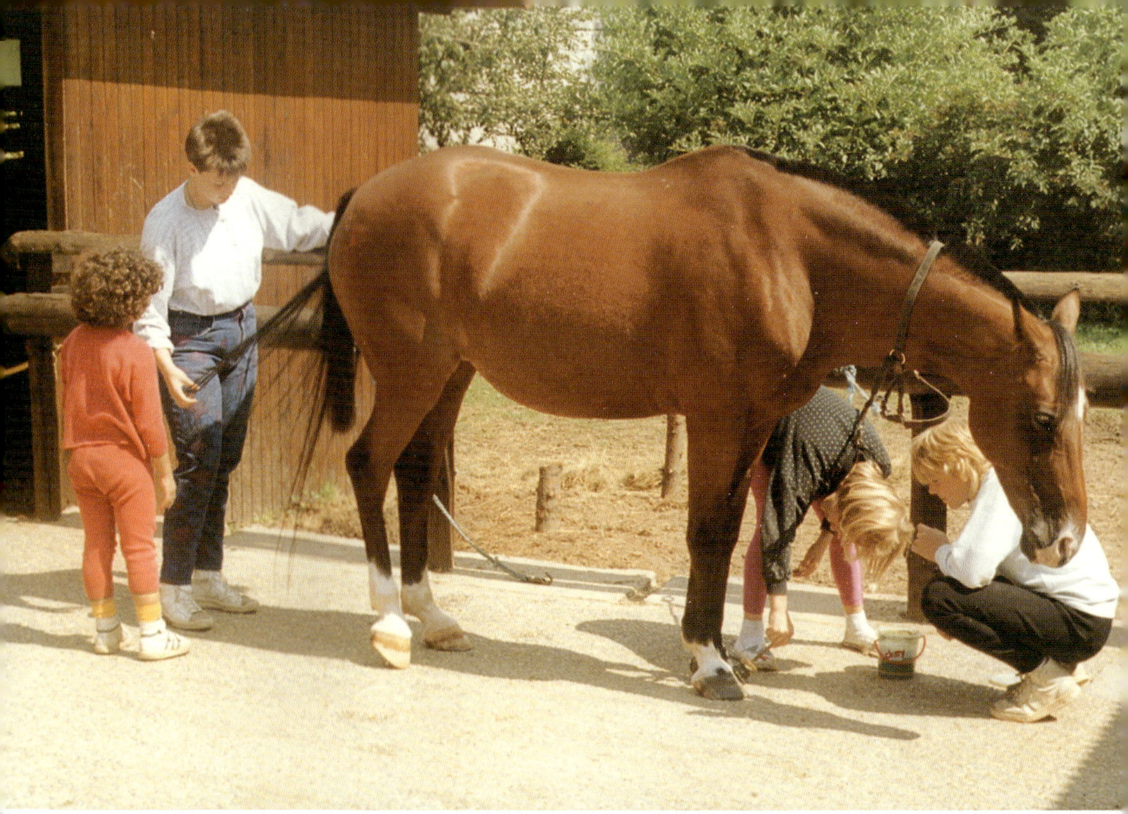
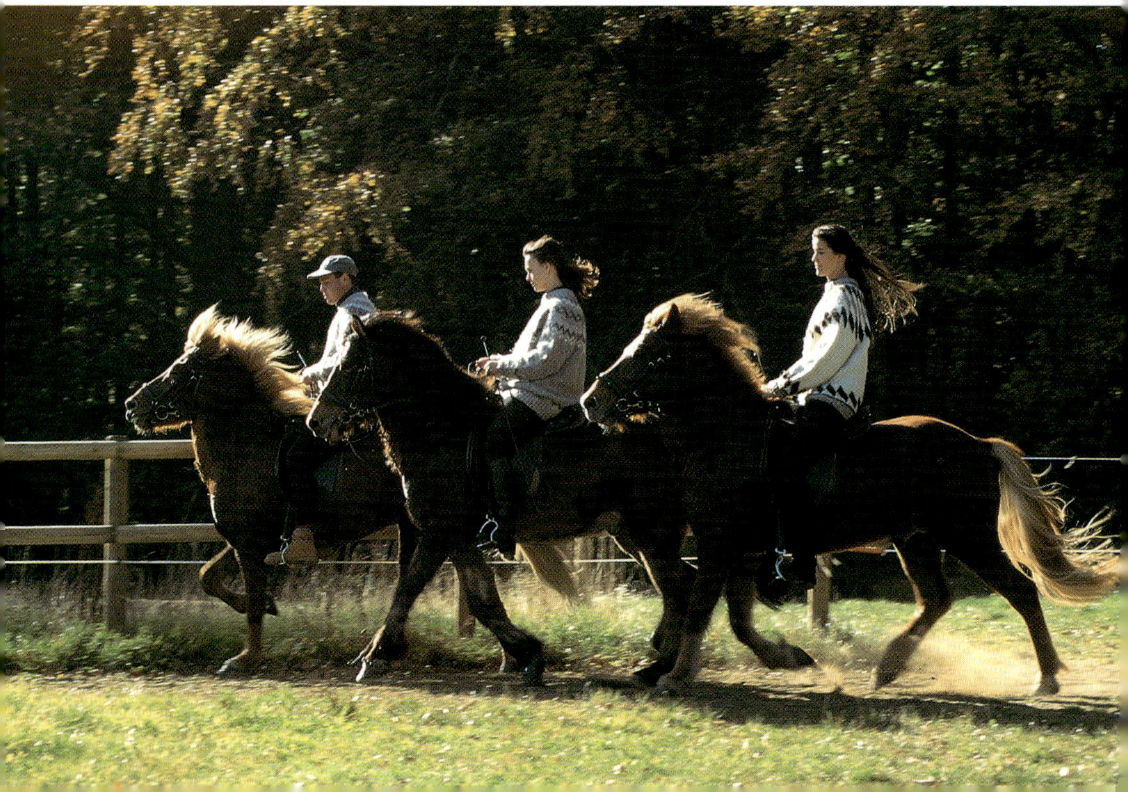

Wie alt würden Sie diese
beiden Pferde schätzen?

Doch weder ein zwölfjähriges noch ein siebzehnjähriges Pferd ist alt, wenn man an die vierzig Jahre denkt, die der liebe Gott diesen geliebten Vierbeinern zugestanden hat. Wir **reden** die Pferde alt. Wir suchen nach Entschuldigungen, warum unsere Pferde meistens sehr früh nichts mehr leisten können. Wenn wir sie für alt halten, sind wir aus dem Schneider. Wir müssen dann nicht die Schuld für ihr frühes Ausscheiden aus dem Sport und den oft folgenden Transport zum Schlachter bei uns suchen. Doch wir haben die Schuld. Meistens jedenfalls. Wir haben beim Züchten auf Wunscheigenschaften gesetzt und negative Merkmale nicht wahrhaben wollen. Wir haben ungeduldig zu früh mit dem Reiten begonnen und, wieder von Ehrgeiz und Geltungssucht getrieben, zuviel trainiert und zuviel verlangt von dem Pferd, das uns ausgeliefert ist, vom Halten in schlecht gelüfteten Ställen dreiundzwanzig Stunden am Tag gar nicht zu reden.

Ich meine, daß man nicht sagen darf, nun ja, vierzig Jahre alt kann ein Pferd werden, doch das ist eine Ausnahme, die meisten werden eben nur zwölf. Es wäre keine Ausnahme, und viele Pferde könnten wenigstens zwanzig Jahre alt werden, wenn wir ihnen helfen würden, ihr mögliches Alter zu erreichen: mit bedachtem Züchten, nicht durch das Gucken auf große Namen und den hohen Erlös durch berühmte Abstammung, mit sorgsamer Aufzucht in langer Kindheit, langsamem Anreiten und mäßigerem Gebrauch in ihren besten Jahren. Rücksicht statt Forderungen wirken lebensverlängernd, Eingehen auf die individuellen Schwierigkeiten können dem Pferd helfen, sehr alt zu werden. Und im Alter langsam ausklingende Arbeit und ein behüteter Lebensabend auch.

Gute Fürsorge und maßvolle Belastung verlängern das Pferdeleben.

Es gibt viele Geschichten, selten wahre, meistens erfundene, über Pferde, die als angeblich junge Pferde verkauft wurden und in Wirklichkeit doch schon recht alt waren. Man kennt Erzählungen und Berichte über gefälschte Geburtsdaten in Papieren und veränderte Namen und Abstammungen. Immer sollte das Alter des Pferdes verschleiert werden. Sogenannte Roßtäuscher aus grauer Vorzeit benutzten raffinierte Tricks (s. S. 24), um jugendliches Alter vorzutäuschen. Heute glaubt niemand mehr solche Berichte. Welcher Züchter oder Händler würde seinen guten Namen aufs Spiel setzen, um ein Pferd mehr verkaufen zu können? Um ganz sicher zu sein, wie alt das Pferd ist, das er sich gerade beguckt, fragt sich mancher Reiter:

Wie erkennt man das Alter von Pferden?

Ich habe es oft erlebt: Ein älterer Herr, ein bekannter Reiter oder Züchter oder ein erfolgreicher Pferdeverkäufer guckt einem Pferd ins Maul. Er guckt und guckt, runzelt die Stirn, seufzt abgrundtief, hält inne, denkt nach, guckt wieder und fährt dann mit den Fingern über die Zähne des Pferdes. Er sagt noch immer nichts. Dann endlich, nach einem theatralischen Schulterzucken, beginnt er zu reden. Immer hatte ich den Eindruck, da spräche ein begnadeter Pferdekenner, zu dem man aufsehen müsse und der zu bewundern sei als Fachmann in einer Kunst, die ich nie verstehen würde. Doch so sehr diesen Menschen auch die Erfahrung langer Jahre Arbeit mit Pferden zur Verfügung steht, Wahrsager sind sie nicht. Sie gucken nur auf die Zähne des Pferdes und lesen da ab, was Sie, liebe Leserin und Sie, lieber Leser, und ich da auch lesen können. Am Durchbruch, Wechsel,

Kenner können das Alter eines Pferdes an den Zähnen ablesen.

an der Abnutzung und der Form einiger Zähne läßt sich erkennen, wie alt das Pferd genau ist, wenn es noch unter zwölf Jahren alt ist. Danach geben viele Einzelheiten an den Zähnen immerhin noch ungefähre Auskunft über die bereits gelebten Jahre.

Die Zähne des Pferdes

Sie wissen, daß Pferde Schneidezähne und Backenzähne besitzen? Daß zwischen diesen beiden Gruppen bei männlichen Pferden in den Laden auch noch Hakenzähne sitzen, bei Stuten ganz selten? Gut, dann müssen Sie sich nicht die Zeichnung der Zähne des Pferdes ansehen.

Oder, bitte, tun Sie es doch. Dann kann ich einfacher weitererzählen. Nämlich: Im Ober- und Unterkiefer des Pferdes befinden sich je sechs Schneidezähne. Sie werden (von der Mitte aus gesehen) Zangen, Mittelschneide- und Eckzähne genannt. Hinter den Laden sitzen oben und unten auf beiden Seiten sechs vordere Backenzähne, die Prämolaren, und sechs hintere Backenzähne, die Molaren.

Wenn das Fohlen geboren wird, hat es oder bekommt es gleich danach nur Zangen und die drei vorderen Backenzähne. Das sind Milchzähne, und sie werden wie bei den Menschen später ausgetauscht. Richtige Zangen erscheinen mit zweieinhalb bis drei Jahren, Mittelschneidezähne mit dreieinhalb bis vier Jahren und die Eckzähne mit viereinhalb bis fünf Jahren. Der vierte Backenzahn kommt mit einem Jahr, der fünfte mit zwei Jahren und der sechste mit dreieinhalb bis fünf Jahren.

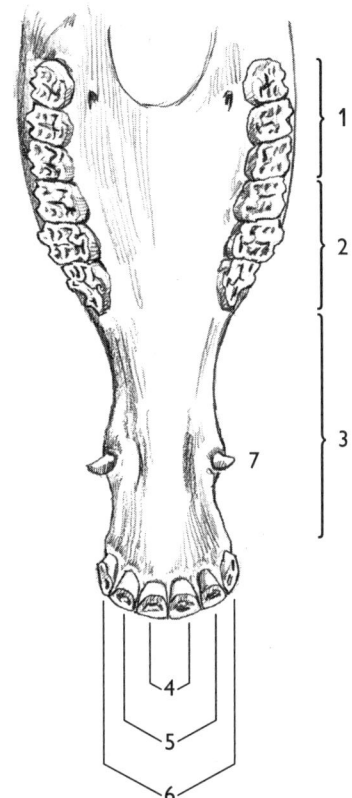

1. Molaren
2. Prämolaren
3. Laden
4. Zangen
5. Mittelzähne
6. Eckzähne
7. Hakenzähne

Altersbestimmung durch die Zähne

Die Oberflächen der Pferdezähne sind platt. Das Pferd kaut ja seine Nahrung nicht, es zerquetscht sie. Auf der Oberfläche der Schneidezähne sieht man schwarze, rundliche Flächen, die Kunden heißen. Kunden sind im Unterkiefer un-

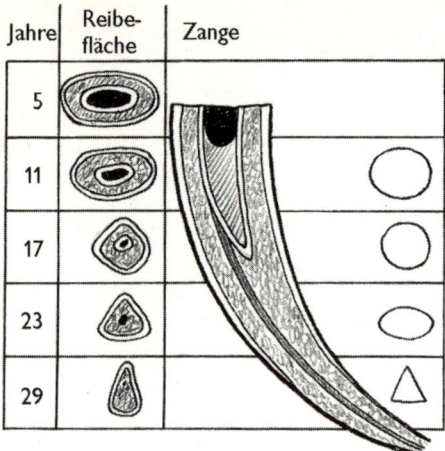

Jahre	Reibe-fläche	Zange
5		
11		
17		
23		
29		

Eine Unterkieferzange verändert sich in ihrer Form.

gefähr 7 Millimeter tief, im Oberkiefer 14 mm. Sie verschwinden im Unterkiefer bei den Zangen mit sechs Jahren, bei den Mittelschneidezähnen mit sieben Jahren und bei den Eckzähnen mit acht Jahren. Im Oberkiefer sind sie bei den Zangen mit neun Jahren nicht mehr zu sehen, bei den Mittelschneidezähnen mit zehn Jahren und bei den Eckzähnen mit elf Jahren. Die Roßtäuscher, von denen ich auf Seite 21 gesprochen habe, sollen Kunden in die Zähne alter Pferde gearbeitet haben, um ihren Käufern ein junges Gebiß vorzutäuschen.

Nun sagen Sie, das sei ja eine verwirrende Sache, die Altersbestimmung durch die Zähne, Sie könnten sich diese vielen Angaben nicht merken. Ich tröste Sie. Es macht nichts, wenn Sie diese vielen Zahlen wieder vergessen. Sie wollen ja nicht täglich Pferden ins Maul schauen und sagen, ob ein Pferd sechs oder acht Jahre alt ist. Sie wollen doch nur erkennen können, wie alt ein offensichtlich äl-

teres Pferd denn nun wirklich ist. Leider muß ich Sie enttäuschen. Gerade vom zwölften Lebensjahr an kann man das Alter eines Pferdes nicht mehr genau bestimmen. Nur an der Form der Kauflächen und der veränderten Form der Zangen kann man danach noch die Jahre schätzen, die ein Pferd schon gelebt hat.

Vom zwölften bis ungefähr zum siebzehnten Lebensjahr sind die Kauflächen rundlich, dann werden sie oval bis zum vierundzwanzigsten (!) Lebensjahr, danach dreieckig: Der liebe Gott hat also auch über vierundzwanzig Jahre hinaus gedacht! Die Zangen verändern sich sehr auffällig. Sie sind es, die Sie auf den ersten Blick gut einschätzen können, wenn Sie die Lippen des Pferdes ein wenig hochheben. Vom zwölften Lebensjahr eines Pferdes an scheinen diese Zähne immer länger zu werden und aus dem Maul herauszuwachsen. In diesem Alter verändert sich auch das Aussehen des Pferdes allmählich. Die Knochen am Kopf werden sichtbarer, die Gruben über den Augen tiefer, hier und da tauchen an den Augen und auf dem Nasenrücken graue Haare auf, und der Rücken wird tiefer.

Bitte, werden Sie nicht unruhig, wenn Sie ein älteres Pferd kaufen wollen. Sie können den Angaben des Verkäufers bestimmt trauen. Einen Tierarzt werden Sie sowieso zu Rate ziehen, wenn Sie ein älteres Pferd übernehmen wollen. Der guckt dann sachverständig und sagt Ihnen das ungefähre Alter. Wenn Sie ihn bitten, zeigt und beschreibt er Ihnen, was er sieht. Sie sagen dann »Aha« und »Ach so«, und auf einmal können Sie meine Theorie hier vergessen, weil Sie das Bestimmen des Alters eines Pferdes nun in der Praxis auf Anhieb verstanden haben. Und von da ab lassen Sie sich gern um

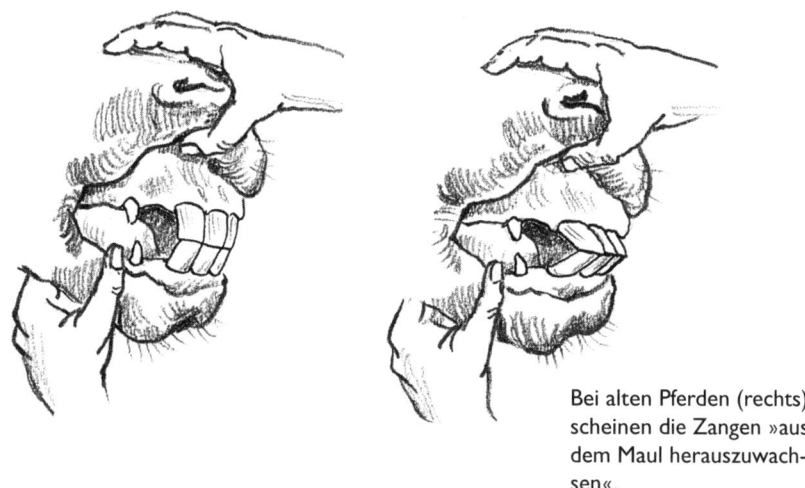

Bei alten Pferden (rechts) scheinen die Zangen »aus dem Maul herauszuwachsen«.

Rat fragen, wenn Zweifel an der Altersangabe bei einem Pferd aufkommen. Sie blicken dann in das Maul des Tieres, gucken, ob man auf den Zähnen noch Kunden sehen kann oder nicht, und betrachten die Formen der Kauflächen und der Zangen.

Ein Pferd öffnet sein Maul lange genug, wenn die Zunge seitlich aus dem Maul gezogen und festgehalten wird. Dann geben Sie souverän Auskunft über das Alter des von Ihnen begutachteten Tieres und stehen als guter Pferdekenner oder -kennerin da. Denn für Sie ist dann das »Zähnelesen« keine Schwierigkeit mehr und birgt auch nichts Geheimnisvolles.

Ein Pferd ein ganzes Pferdeleben lang zu besitzen ist wohl der Wunschtraum jedes Pferdehalters. Doch das ist nicht in allen Fällen möglich. Manchmal geht ein Pferd im sechsten Lebensjahr, im achten oder neunten ein, manchmal muß es aus den verschiedensten Gründen abgegeben werden. Kann es bei seinem Besitzer bleiben, tauchen irgendwann Fragen auf. Ganz bestimmte Fragen, die der simplen Erkenntnis folgen: Auch...

Ein Pferd wird älter

Nach der Feststellung, daß das eigene Pferd nun langsam in die Jahre kommt, in denen seine Leistungskraft sinkt (das kann nach dem zehnten Lebensjahr oder erst nach dem sechzehnten oder noch später sein), kommt auf jeden Besitzer unweigerlich die Frage zu: Wo soll mein Pferd, wo kann mein Pferd in Ruhe älter werden? Wo geht es ihm am besten? Es gibt nur zwei Möglichkeiten, zwischen denen entschieden werden muß: Das Pferd wird in geeignete Hände abgegeben oder…

Ein ehrenvoller Abschied für ein berühmtes Pferd. Das ist nicht die häufigste Art der Pensionierung eines Pferdes!

Das ältere Pferd bleibt beim Besitzer

So gut wie der dunkelbraune Charisma, der in Seoul die Einzelgoldmedaille in der Vielseitigkeit unter Marc Todd gewann, immerhin schon sechzehn Jahre alt, und vier Jahre davor auch der Gewinner der gleichen Prüfung in Los Angeles gewesen war, wird es wohl nicht jedes ältere Pferd bekommen. Marc Todd sagte nach seinem größen Sieg: »Ich bleibe noch ein wenig in Europa, Charisma wird nach Neuseeland zurückkehren, dorthin, wo er geboren wurde, und ein Leben in Luxus führen.«

Ein erfolgreicher Reiter, erfolgreich in diesem Fall auch, was das Geldverdienen im Reitsport angeht, kann natürlich Bilderbuchbedingungen herstellen für seinen treuen Sportpartner. Er hat die Mittel, einen guten Stall aufzubauen, Weideland drum herum zu kaufen, er kann einen Artgenossen als Gefährten dazustellen und einen Menschen beauftragen, den pensionierten Vierbeiner täglich zu bewegen und zu pflegen und ihm alle Wünsche von den Augen oder aus dem Verhalten abzulesen.

Nicht viele Pferdebesitzer können die Treue ihres Tieres so belohnen, wenn sich eines Tages durch vermehrtes Schwitzen während der Arbeit, langes Nachschwitzen, Atemnot nach Lektionen, die früher ohne Mühe ausgeführt wurden, Verweigerungen an Hindernissen oder sogenannte »Faulheit«, durch unsichere Gänge oder Lahmheiten nach Anstrengungen einstellen, die unwiderruflich zeigen, daß das Pferd wegen seines Alters weniger belastbar geworden ist.

Doch unsere älteren Pferde müssen ja gar kein Luxusleben führen. Ein gutes, normales Pferdeleben tut es auch. Ist es dem gewohnten Arbeitsleben angepaßt, das heißt, verändert sich die Welt für ein allmählich aus der Arbeit ausscheidendes Pferd nicht allzusehr, um so besser. Einige Veränderungen ergeben sich zwangsläufig, wenn ein Pferd in die Jahre kommt, in denen seine Belastbarkeit sinkt.

Zusammen alt werden

Gerade sagte mir ein befreundeter Tierarzt, ein Reiter: »Mein Pferd ist jetzt fünfzehn Jahre alt. Wir tun nun weniger, wir wollen zusammen alt werden.« Dieser Mann wurde gerade achtzig. Er sieht aus wie höchstens siebzig. Ich glaube, daß er noch einige Jahre reiten können wird. Im Augenblick prescht er noch ziemlich couragiert durchs Gelände. Sein Reitbezirk ist größer geworden, seit die Grenze zum anderen Deutschland hier nicht mehr besteht. Welch ein Glück für dieses fünfzehnjährige Pferd! Ganz allmählich werden der Reiter und seine Stute die Aktivitäten einschränken, nicht mehr jeden Tag ausreiten, später nicht mehr so weit und dann immer ein wenig kürzer. Dann nur noch, wenn das Wetter in Ordnung ist, und eines Tages werden die beiden gemeinsam in den Ruhestand gehen und sich nur noch täglich sehen auf dem bäuerlichen Hof, auf dem das Pferd untergebracht ist.

Doch auch junge Reiter besitzen ältere Pferde, und eines Tages reichen sie für die eigenen reiterlichen Zwecke nicht mehr aus. Wenn ein zweites Pferd angeschafft werden kann, ist es vielleicht möglich, das ältere zu behalten, noch weiterhin zu bewegen oder, unter der eigenen Aufsicht, von anderen Reitern bewegen zu lassen. Oft hilft eine Beteiligung eines fremden Reiters an dem ersten Pferd, um die Kosten zweier Pferde zu decken.

»Artgenosse« Mensch

Ich möchte jedem Reiter empfehlen, erst alle Möglichkeiten zu prüfen, das älter werdende Pferd selbst zu behalten, es nicht aus seiner gewohnten Umgebung zu reißen, in der es womöglich sein Leben lang gelebt hat, und es nicht an an-

dere Menschen abzugeben, an die es sich vielleicht schwer gewöhnen kann. Viele ältere Pferde werden sehr schnell scheinbar sehr alt, wenn sie den Stall wechseln müssen und ihre Bezugsperson verlieren. Denn unsere Pferde heute sind keine richtigen Herdentiere mehr. Ihre Partner sind oft ausschließlich Menschen, und sie schließen sich eng an diese Gefährten an. Auch wenn ihre Reiter nur einmal am Tag im Stall erscheinen, Pferde wissen genau, wer zu ihnen gehört, und sie brauchen diese menschlichen Kontakte um so mehr, je seltener sie mit ihren Artgenos-

Wer gemeinsam alt werden möchte, schränkt seine Aktivitäten nach und nach ein.

sen zusammensein können. Ich meine einen gemeinsamen Aufenthalt in einem Paddock oder auf der Weide. Der Kontakt durch die oft nur schmalen Ritzen einer Boxenwand hinüber zu dem sich ebenfalls langweilenden Kollegen in der gleichen trübseligen Lage ersetzt keine Zuwendung der Menschen in Form von ausgiebigem Putzen, Bewegen und Halstätscheln. Pferde genießen diese menschliche Zuwendung, und sie lieben die Person, die sie ihnen gibt. Verlieren sie diese Person, bekommt ihr Leben einen Bruch. Einige Pferde verschmerzen ihre Besitzer

nie, die sie, aus welchen Gründen auch immer, abgeben mußten, als sie älter wurden, und sie hören bis an ihr Lebensende nicht auf, auf sie zu warten. Anderen Pferden allerdings kann der Wechsel aus zum Beispiel einem großen, düsteren Reitstall auf einen kleinen Bauernhof zum Eintritt in ein Paradies werden. Große Weiden, frische Luft und Spielkameraden lassen sie die Veränderung sehr gut überstehen. Besonders wenn wieder ein Mensch da ist, der Streicheleinheiten zu vergeben hat.

Was ich sagen wollte, ist: Nur Sie selbst

Paradiesischer Lebensabend

können beurteilen, was für Ihr Pferd das beste ist. Wenn Sie es behalten wollen, tun Sie es. Sie müssen vielleicht das Turnierreiten aufgeben, und/oder Sie können nicht mehr an den besonders langen Ausritten teilnehmen oder die Distanzreiterei nicht mehr fortsetzen. Sie können nicht mehr springen oder in einer kleinen Halle die Ecken ausreiten (das viele Drehen belastet die Fußgelenke). Sie werden ein womöglich belächelter Freizeitreiter, Sie haben keine Erfolgschancen mehr und ernten manchmal bedauernde Blicke, wenn Sie mit Ihrem zottig gewordenen alten Pferd klatschnaß aus dem Gelände heimkehren.

Vielleicht aber kommen Sie noch einmal groß heraus. Hoch zu Wagen! Manchmal kann ein älteres Pferd nämlich noch eingefahren werden und vor einem leichten Wagen auf bequemen Wegen fröhliche Picknickfahrten ermöglichen.

Rücken und Beine werden beim Fahren vom Reitergewicht freigehalten, ruhiger Schritt belastet die Atmung nicht. Allerdings beansprucht Fahren die Wirbelsäule des Pferdes und die Gelenke, wenn es sich sehr ins Geschirr stemmen muß. Darum ist das Fahren auf ebenen und nicht zu tiefen Wegen zu empfehlen. Wenn diese Art der Weiterbeschäftigung aber möglich ist, kann sie manchmal Pferd und ehemaligen Reiter noch lange zusammenhalten.

Ob Ihr Pferd bei Ihnen bleiben kann oder soll, oder ob Sie sich von ihm trennen müssen, nur Sie können das entscheiden. Wägen Sie gut ab, überdenken Sie alle Punkte, überlegen Sie lange und seien Sie sich bewußt: Es geht um unsere Pferde. Nicht um uns, um unsere Bequemlichkeit, unseren Ehrgeiz oder den Inhalt unseres Portemonnaies! Ein Pferd, das wir lange besessen haben, das zu uns

Wenn der Rücken schmerzt, kann das Fahren eine gute Alternative zum Reiten sein.

Warum soll man eigentlich
nur Hunde spazierenführen?

gehört, hat auch einen Anspruch darauf, im Alter bei uns bleiben zu dürfen, wenn es irgendwie möglich ist. Wir können uns seiner nicht einfach entledigen, als wäre es ein altes Sofa oder ein klapperig gewordenes Fahrrad. Unser Pferd ist ein Lebewesen und von uns abhängig. Wir haben es irgendwann zu uns genommen und müssen nun für es sorgen.

Vielleicht hört sich das, was ich sage, an, als wären ältere Pferde ausschließlich eine Belastung, mehr nicht. Sie sind es keineswegs. Ich erinnere an meine Schilderung eines Ausrittes mit meinem hochbetagten Marcus, und ich berichte Ihnen, was eine Reiterin mir erzählte, die täglich mit ihrer alten Stute spazierenging und nur gelegentlich den Wallach einer Freundin ritt. Sie sagte: »Manchmal fragen mich die Leute, was das soll, mit einem Pferd am Strick durch die Feldmark zu wandern. Ich antworte ihnen dann, es sei eine Freude, und sie könnten auf ihren Hunden doch auch nicht sitzen.«

Sie haben hin und her überlegt, Sie wissen viel über die Haltung älterer und alter Pferde und wären bereit, für Ihr Pferd auf vieles zu verzichten. Doch alle Umstände sprechen dagegen, es für immer behalten zu können. Sie haben an das Wohl Ihres Tieres gedacht, an alles, was Sie noch für es tun können und daran, was andere Menschen vielleicht besser für Ihr älter werdendes Pferd besorgen können. Sie haben sich entschieden. Wenn es auch weh tut...

Diem, der Vollblutaraberhengst

Als ich meinen Vollblutaraber einige Jahre besaß, fuhr ich eines Tages nach Ströhen, zum Vollblutarabergestüt Ismer, um mir den Vater meines Marcus, den Hengst Diem, anzusehen. Diem war damals ein bereits schneeweißer Hengst mit viel Kaliber und guten Reitpferdepoints. Ich dachte mir, daß mein noch apfelschimmeliger und sehr schmaler Sohn von ihm eines Tages wohl auch so aussehen wie Diem und also zu einem guten Reitpferd erwachsen würde. Der Hengst war damals vierzehn Jahre alt. Zwölf

Jahre später, auf einer Pferdemesse in Hamburg, stellte auch das Gestüt Ismer aus und hatte einige junge Vollblutaraber mitgebracht. Ich fragte, ohne nachzurechnen, wie alt denn Diem geworden sei. »Geworden?« fragte man zurück. Und dann hörte ich, mit Besitzerstolz gesprochen, die Worte: »Er lebt noch. Er ist sechsundzwanzig, Jahre alt und es geht ihm gut.«

Vier Jahre nach dieser Begegnung rief ich vorgestern Frau Ismer an. Diem sei vor zwei Jahren, achtundzwanzig Jahre alt, gestorben, sagte sie. Er sei bis zum Schluß gesund gewesen, habe bis ins hohe Alter gedeckt und sei ganz normal gehalten und nur ein bißchen mit Möhren gepäppelt worden, wenn sein Appetit einmal nachließ. Ganz plötzlich habe sich dann ein Melanom an der Niere bemerkbar gemacht, und der Hengst habe einige Stunden trotz Schmerzmittel gelitten und eingeschläfert werden müssen. Auf der Weide, mit Blick auf seine Stuten, habe Diem zwei Spritzen bekommen und sei sofort bewußtlos gewesen und schnell gestorben. Sie vermisse ihn sehr, sagte Frau Ismer. Sie tröste sich mit dem Hengst Madkour, der nun auch schon vierundzwanzig Jahre alt sei.

Das ältere Pferd wird abgegeben

Lehrpferd gesucht

Eine mir bekannte Familie suchte für ihre fünfzehnjährige Tochter ein Lehrpferd, ein Pferd also, das gut ausgebildet Reitschülern helfen kann, schwierigere Lektionen zum Beispiel in der Dressur zu erlernen. Meistens ist gleichzeitig auch ein älteres Pferd gemeint, das ruhig und abgeklärt reiterliche Fehler nicht übelnimmt. Die Familie fand eine Anzeige in einer Fachzeitschrift und fuhr sehr weit, um sich das Pferd anzusehen. Es gefiel ihnen auf Anhieb, war dreizehn Jahre alt und bis M-Dressur erfolgreich geritten. Grund der Abgabe war eine nicht mehr hohe Belastbarkeit. Das Pferd wurde gekauft.

Die Familie entsprach ganz den Vorstellungen der Verkäufer. Vater und Mutter reiten selbst, besitzen einen Hof und züchten Traber als Hobby. Der Beruf des Vaters, Arzt, war mit ausschlaggebend für die Zusage des jungen Paares, das das Pferd verkaufte. Sie hofften auf gute Pflege mit medizinischem Hintergrund. In einem Vertrag wurde festgelegt, daß das Pferd nicht ohne Rücksprache weitergegeben werden durfte.

Die Tochter war glücklich. Euphorisch

Ein älteres Pferd wird für die junge Tochter heimgebracht.

ritt sie jeden Tag, meistens unter Anleitung eines erfahrenen Trainers. Sie jubelte: »Der geht ja so toll! Das macht ja unheimlichen Spaß!« Nach kurzer Zeit war das Pferd lahm. Überlastung, stellte der Tierarzt fest. Jetzt wird es nur zwei- bis dreimal in der Woche gesattelt. Seine Lektionen kann es ja, und nun geht es einwandfrei klar. In diesem Jahr begann das Mädchen seine erste Turniersaison. Wie ich gerade erfahren habe, ist es Juniorenmeisterin geworden. Ein Blumenstrauß wurde den Vorbesitzern gesandt.

Wenn ich die ehemalige Besitzerin gewesen wäre, hätte ich ebenfalls einen Blumenstrauß auf die Reise geschickt. Aus Dankbarkeit. Sie sehen, ein Abschied von einem Pferd, das man lange besessen hat, muß nicht traurig sein. Schwieriger wird das Abgeben, wenn man einen sogenannten »heißen Ofen« besitzt, der zwar noch viel Temperament hat, dies aber für die

Rechts oben: Der 29jährige Paradox I beäugt eine Miniatur seines Bronzestandbildes, das ihm und seinem Züchter zu Ehren enthüllt wurde. Nachdem dieser Hengst 27 Deckperioden hinter sich gebracht hatte, wurde er wegen Rücken- und Kreislaufproblemen getötet.
Unten: Die Autorin auf ihrem 22jährigen Vollblutaraber Marcus in vollem Galopp.

Nächste Seite:
Auch das Futter muß auf die individuellen Bedürfnisse von älteren Pferden abgestimmt werden. Wenn sie noch arbeiten, brauchen sie meistens mehr Futter, da ihr Organismus die Nahrung nicht mehr wie früher verwerten kann. Pferden mit schlechten oder fehlenden Zähnen muß man die tägliche Haferration in Form von Mash (siehe S. 85) zubereiten.

Unten: Alles halb so schlimm! Temperamentvolle ungestüme Pferde werden unter ihren neuen unerfahrenen Besitzern häufig lammfromm.

eigenen reiterlichen Zwecke nicht mehr ausreicht. Viele Reiter haben Bedenken, so ein temperamentvolles Pferd einem anderen Reiter zu verkaufen. Sie meinen, nur sie seien imstande, es im Gelände zu halten, nur sie könnten die Gehlust und den Übermut ihres Pferdes bändigen. Doch auch heiße Öfen kühlen ab. Manchmal sogar gleich, wenn sie den Besitzer gewechselt haben. Das mag daran liegen, daß sie zum Beispiel dem Turnierstreß nicht mehr ausgeliefert werden oder einfach nicht mehr so gefordert werden. Vielleicht aber hat auch der vorherige Reiter nur immer wieder »Kohlen auf die Glut geschüttet«, indem er seine nervöse Anspannung auf das Pferd übertrug, oder das Pferd stand unter ständiger Spannung, weil es in seiner Box zuwenig Abwechslung hatte. Der neue Besitzer hat mehr Zeit, das Pferd zu beschäftigen, und schon ist es ausgeglichener.

Wenn Sie also ein älteres, recht temperamentvolles Pferd besitzen, das aus reiterlichen Gründen nicht bei Ihnen bleiben kann, dürfen Sie es wahrscheinlich getrost einem Reiter anvertrauen, der mit heftigen Pferden weniger Erfahrung hat. In vielen Fällen hat sich gezeigt, daß diese Wildlinge sich schon bald abregen und mit schwächeren Reitern viel ruhiger durchs Gelände traben, weil diese nicht so viel von ihnen fordern. Am besten, Sie besuchen Ihr ehemaliges Pferd am Anfang öfter, wenn das möglich ist (und Sie werden sich doch sicher darum bemühen, Ihren Liebling in Ihrer Nähe unterzubringen?), und geben dem neuen Besitzer Tips und Hilfestellung, wenn er vorsichtig seine ersten Kreise um den Hof zieht und sich dann zum erstenmal richtig ins Gelände wagt. Ein Tip von Ihnen könnte sein, das Pferd sich vor dem Rei-

ten auf einer Weide oder in einem Auslauf austoben zu lassen. Oft sind die »heißen Öfen« auch nur so feurig, weil sie Kraft gesammelt haben, die hinauswill. Haben sie sich ausgebuckelt, ohne ihren Reiter, der schmunzelnd an der Umzäunung gestanden hat, gibt es keinen Grund mehr, ungehorsam loszurennen. Pepp für einen kernigen Galopp wird allerdings immer noch vorhanden sein. Doch es wird eben Galoppieren sein, kein Durchgehen.

Wer kauft ein älteres Pferd?

Ja, sagen Sie nun, ich weiß, ich kann mein älteres Pferd an Reiter abgeben, die nur noch, und nicht einmal täglich, Ausritte unternehmen wollen. Ich könnte es älteren Reitern anvertrauen, die nicht mehr die Kraft haben, junge Pferde zu bändigen. Kinder könnten es reiten, die ungefährdet reiterlich gefördert werden sollen, oder Menschen, die sich in vorgerücktem Alter zum erstenmal auf ein hohes Roß wagen. Auch ein leichtgewichtigerer Reiter als ich könnte es übernehmen, oder es findet sich jemand, der es einfährt und einspannt und auf leichten Wegen spazierenfährt und meinem Pferd mehr Zuwendung und bessere Stallbedingungen bietet, als ich es kann, jetzt, da es älter wird und noch umsichtiger umsorgt werden muß als früher.

Ja, all das weiß ich, doch wann, wann trenne ich mich von Hugo, Sabrina oder Donnerwind? Noch geht mein Pferd gut, es schmerzen weder die Gelenke noch der Rücken, noch nehmen wir es an Schnelligkeit mit jedem jungen Pferd auf. Meine kleine Peruschka ist fröhlich, sie liebt mich und fühlt sich bei mir wohl. Sie ist glücklich. Sie ist vierzehn Jahre alt und ...

Mit ihrer neuen Familie hat
es Susi gut getroffen.

Der richtige Zeitpunkt für eine Trennung

Halt! sage ich an dieser Stelle. Vierzehn Jahre oder dreizehn oder fünfzehn Jahre, es kommt auf die Rasse an, ist ein Alter des Pferdes, in dem Sie wieder ganz allein eine Entscheidung treffen müssen. Sie müssen sich fragen: Will ich mein Pferd weiterreiten bis zu seinem endgültigen Ausscheiden aus der Arbeit und dann eine Bleibe suchen für seinen Lebensabend? Oder will ich es jetzt, als noch gut zu reitendes Pferd, verkaufen und mir ein jüngeres anschaffen? Denn: Ein Pferd, das älter als fünfzehn Jahre ist, kann nur noch sehr schwer als Reitpferd verkauft werden, obwohl sein Ausscheiden aus dem Arbeitsleben noch nicht unmittelbar in der Nähe liegen muß. Ich spreche von

»Verkaufen«, meine aber meistens »Abgeben« zu einem geringen Preis, denn viel kann man für ein älteres Pferd nicht verlangen, und viel möchte der Käufer auch nicht bezahlen. Sein Risiko, daß das Pferd sehr schnell unreitbar wird, ist sehr hoch. So spielt daher die Kaufsumme bei einem solchen Handel keine große Rolle. »Verschenken« sollte man sein älteres Pferd nur dann, wenn Geld bei der Übergabe überhaupt keine Rolle spielt für beide Seiten. Wer unbedingt ein älteres Pferd geschenkt bekommen möchte, sollte mit Vorsicht betrachtet werden. Die Kosten für die Unterbringung sind für ein junges wie altes Pferd die gleichen. Ein Reiter, der kein Geld hat, einen Freundschaftspreis für ein Pferd zu zahlen, wird auf die Dauer wohl auch nicht seine Unterhaltskosten aufbringen können. Doch gerade um die Dauer, um einen gesicherten Platz für Ihr Pferd, geht es Ihnen.

Die Entscheidung, sich von seinem älter werdenden Pferd zu trennen, fällt wahrscheinlich leichter, wenn es nicht mehr ganz und gar problemlos zu reiten ist, wenn es schon einige Beschwerden hat, auf die der Reiter Rücksicht nehmen muß. Die Trennung läßt sich nicht mehr aufschieben, wenn man sportlich nicht zurückstecken will. Dann ist der Zeitpunkt plötzlich da, ohne daß man sich vorher um das Wann Gedanken gemacht hat. Dann geht die Suche los, und eine von den vielen Möglichkeiten, die ich in diesem Abschnitt schon behandelt habe, wird sich bestimmt auch für Sie ergeben. Sie müssen erst überlegen, wie Sie sich das neue Leben Ihres Pferdes vorstellen, und sich dann auf die Suche machen. Ein Pferd, das immer Weidegang gehabt hat, kann nicht in einen Stall gebracht werden, in dem es dreiundzwanzig Stunden des Tages in einer Box stehen muß. Und wenn Ihr Pferd mehr Kontakt zu Menschen als zu Artgenossen hatte, zum Beispiel als eines von zwei Pferden hinter dem Haus, sollte es nicht in eine große Herde gesteckt werden. Verängstigt wird es sich in eine Ecke drücken und darum besonders die Aufmerksamkeit und danach die Aggressivität einzelner sogenannter Kameraden auf sich ziehen.

Gucken Sie sich an, wohin Ihr Pferd gebracht werden soll. Ein Besuch bei den zukünftigen Besitzern kann Sie beruhigen und der Trennung tapfer entgegensehen lassen. Denn wenn Sie erkennen, daß Ihr Pferd es gut bekommen wird, daß die zukünftigen Besitzer eine genaue Vorstellung von dem haben, wie sie Ihr Pferd halten wollen und Sie diese Planung billigen, ist der halbe Abschiedsschmerz schon überwunden. Und wenn Sie nicht zufrieden sind, sprechen Sie es aus, fahren heim und suchen weiter. Sie **müssen** ja meistens Ihr Pferd nicht abgeben, oder wenigstens nicht sofort, Sie wollen es nur nach reiflicher Überlegung. Doch eine miefige Box, kaum Auslauf und anscheinend Mangel an Pflege und Futter muten Sie Ihrem Pferd nicht zu und machen am folgenden Tag einen Ausritt mit ihm und sind glücklich, daß es noch bei Ihnen ist. Auch wenn die anderen Reiter gerade in intensiven Turniervorbereitungen stecken und Sie am folgenden Wochenende nur zusehen können.

Ein Fohlen aus einer älteren Stute?

Wer eine Stute besitzt, die eine gute Abstammung vorweisen kann und zudem bewiesen hat, daß sie alle Erwartungen erfüllt, die an ein gutes Reitpferd gestellt werden, kann versuchen, sein Pferd bei einem Züchter unterzubringen, wenn er es nicht länger behalten kann. Er kann es verkaufen, verschenken oder als Leihgabe abgeben (das Fohlen für die anfallenden Kosten). Doch nicht mit jeder Stute, die aus der Arbeit unter dem Sattel oder vor dem Wagen genommen werden muß, kann auch bei besten Papieren und Turniererfolgen gezüchtet werden. Oder besser, man **sollte** es nicht tun. Eine Stute zum Beispiel, die in höherem Alter zu lahmen beginnt, wenn sie in der Arbeit belastet oder gefordert wird, wird auch lahmen, wenn sie später ein Fohlen trägt. Wie Springen oder Dressurarbeit belastet das Gewicht eines Fohlens die Gelenke. Hat die Stute aber Schmerzen, mag sie

Mit lahmenden Stuten darf nicht gezüchtet werden, denn das Austragen des Fohlens belastet das schmerzende Bein noch zusätzlich.

nicht auf der Weide herumgehen und frißt darum weniger. Dies beeinträchtigt die Gesundheit der Mutter und die des Fötus. Der Züchter müßte eine solche Stute absondern und extra füttern. Und er müßte beobachten, ob die Herde die lahmende Stute belästigt.

Viele Reiter kaufen sich lieber eine Stute als einen Wallach, eben weil sie glauben, daß sie nach der Zeit unter dem Sattel noch eine zweite lange Zeit in der Zucht vor sich hat. »Mein Pferd kann dann immer noch ein Fohlen bekommen«, sagen sie und scheinen den Besitzern von Wallachen (Hengste werden selten von Reitern gehalten) etwas vorauszuhaben. Doch schon anfangs habe ich erwähnt, daß nicht mit jedem Pferd gezüchtet werden darf, wenn wir das Großziehen von nicht belastbaren Fohlen vermeiden wollen. Ein älteres Pferd in die Zucht zu geben oder zu nehmen, ist also

nicht immer eine Entscheidung zum Wohle des Pferdes und oft auch nicht zum Wohle des Nachwuchses. Das soll nicht heißen, daß Stuten nach einer erfolgreichen Zeit unter dem Reiter nicht auch noch gute Fohlen bringen können, die wiederum später einen anderen Reiter glücklich machen. Oft ist es ja sogar der gleiche Reiter. »Ein Fohlen aus meiner Stute« kann etwas Wunderbares sein. Doch es kann auch ein Pferd in die Welt gesetzt werden, das nicht ohne zu leiden erfüllen kann, was von ihm erwartet wird. Frühe Unbrauchbarkeit und ein früher Tod sind oft die Folge solcher Züchtungen aus Liebe, doch ohne Sachverstand.

Wenn Sie sich am Ende überzeugt haben, daß Ihr Pferd es bei dem neuen Besitzer guthaben wird, lassen Sie sich schriftlich geben, was Sie schon lange als Verkaufsbedingungen im Kopf haben: Kein Weiterverkauf ohne Ihre Zustimmung! Und Ihre Zustimmung soll auch eingeholt werden, wenn es getötet werden muß. Wenn man Ihnen dann noch zusichert, daß Sie Ihr ehemaliges Pferd besuchen dürfen, sagen Sie erleichterten Herzens zu. Der Reitanfänger, das Kind oder die alte Dame von siebzig Jahren werden im gleichen Augenblick glücklich dreinschauen und sagen: »Felix gehört jetzt mir. Wie wunderbar!«

Es mag hart klingen und selbstsüchtig aussehen, wenn Sie Ihre Gambia, die zuverlässig und fleißig viele Jahre mit Ihnen und für Sie gearbeitet hat, fortgeben, weil sie älter und schwächer geworden ist. Doch wenn Gambia im Alter ein gutes Zuhause und weniger Schwerarbeit bekommt und sie sich statt abgeschoben freundlich aufgenommen fühlt, haben Sie etwas Gutes getan, obwohl Sie in dem Augenblick eigentlich nur traurig sind. Denn so leicht, wie es sich jetzt anhört, ist es für die meisten Reiter nicht, sich von ihrem Pferd zu trennen. Da mögen noch so viele Berichte erscheinen über Pferdebesitzer, die ihr Pferd zum Schlachter karren, wenn es den Ansprüchen nicht

mehr genügt, so viele solch mitleidslose Reiter gibt es gar nicht, wie manch ein Schreiber seinen Lesern weismachen will. Einige verantwortungslose Pferdebesitzer gibt es immer, doch sie sind eher die Ausnahme.

Sie, liebe Leserin, lieber Leser, sind doch der beste Beweis für das Gegenteil: Statt Ihr älteres Pferd auf einen der unmenschlichen Schlachttiertransporte nach Italien zu schicken, machen Sie sich Gedanken über die verbleibenden Möglichkeiten, holen Informationen ein, prüfen das Angebot von Gnadenhöfen (siehe Checkliste Seite 100) und stellen sich Ihrer Verantwortung.

Aber mit dem Mitgefühl lassen sich auch besonders gut Geschäfte machen, und die vielen kleinen und großen Liebesbeweise älteren Pferden gegenüber

Einen Gnadenhof muß man sich sorgfältig ansehen.

Zarewitsch, das Voltigierpferd

Bei den Weltreiterspielen in Den Haag 1994 gewann Tanja Benedetto die Goldmedaille der Damen im Voltigieren. Sie war zwei Jahre vorher bei den Titelkämpfen in Heilbronn auf den dritten Platz gekommen, bei der Europameisterschaft danach nur auf einen Ersatzplatz, und ein Jahr vor ihrem großen Triumph wurde sie Zweite bei der Bundessichtung. »Meinem Longierpferd Zarewitsch verdanke ich alles«, sagte sie der Presse nach dem Goldmedaillengewinn. »Wenn er nicht wie ein Uhrwerk gelaufen wäre, so gleichmäßig, hätte ich nicht gewinnen können.«

»Zarewitsch«, so schrieb die Frankfurter Allgemeine Zeitung, »hat schon drei Generationen Voltigierer auf seinem Rücken zum Erfolg getragen. Sieben internationale Einzeltitel waren es insgesamt. Der große Braune, im Besitz von Hanne Strübel und von ihr an der Longe geführt, ist jetzt zweiundzwanzig Jahre alt.«

»Ist das eine Leistung«, dachte ich, als ich die Sportseite meiner Zeitung las. Meinen Sie jetzt, ich bewunderte Tanja Benedetto? Nun, sie natürlich auch. Doch meine Hochachtung richtete sich hauptsächlich auf Zarewitsch. Zweiundzwanzig Jahre alt, und immer noch springt er im Kreis herum! Dabei wollte ich Ihnen unter dem Stichwort »Bewegen« der älteren Pferde raten, unbedingt das Reiten in engen Hallen, das Biegen der Pferde auf Zirkeln und in Volten zu vermeiden, um die Gelenke zu schonen, um eine eventuell unerkannte Arthritis nicht durch Überlastung der feinen beweglichen Knochen schmerzhaft ausbrechen zu lassen. Und dann erscheint eine solche Nachricht. Da läuft ein zweiundzwanzigjähriges Pferd noch regelmäßig auf dem Zirkel rund und rund und auch noch so gleichmäßig, daß die junge Reiterin auf ihm fast turnen kann wie auf einer Gymnastikmatte.

Ich rief Tanja an. Mit fröhlicher Stimme sprach sie von ihrem Sieg, von Zarewitsch und seiner Besitzerin, die das Voltigierpferd übernommen hatte, als es elf (!) Jahre alt war. Doch als ich mich dann nach dem Befinden des erstaunlichen Pferdes erkundigte, mußte die junge Sportlerin mir sagen, daß Zarewitsch einige Wochen nach dem großen Triumph gestorben war. An Magendurchbruch. Er hatte schon lange schlechte Zähne gehabt, einige verloren, und die restlichen hatten ihrer Brüchigkeit wegen nicht geraspelt werden können. Zarewitsch war mit kleingehacktem Futter gefüttert worden. Mash (s. S. 85) hatte er abgelehnt. Am Tag seines Todes schluckte er zu hastig sein Futter und erlitt einen Magendurchbruch.

Bis zuletzt war Zarewitsch zweimal in der Woche an der Longe für die Voltigierer gegangen, zusätzlich wurde er von Reitanfängern geritten. Er hat nie eine Krankheit gehabt, keine Kolik und auch keine Sehnenprobleme. Tanja und Hanne vermissen ihn sehr. Tanjas Karriere ist mit seinem Tod plötzlich unterbrochen worden. »Ich werde es in Zukunft schwer haben«, sagte sie mir nun mit trauriger Stimme. »So gleichmäßig und zuverlässig wie er ging, geht so leicht kein anderes Pferd.«

Als geliebte Voltigierpartner
können Pferde sehr alt werden.

geben publizistisch eben weniger her als eine Schauergeschichte, über die man sich so recht empören kann.

Mit einer Ausnahme: Handelt es sich um Spitzensportler, die ihren ausgedienten Cracks das Gnadenbrot geben, ist es schon eher »eine Story«. Da sie mit dem Reiten ihren Lebensunterhalt verdienen, ist kommerzielles Denken bis zu einem gewissen Grad sogar verständlich, aber wenn man einschlägigen Zeitschriftenartikeln glauben darf, behalten erfreulich viele von ihnen ihre Ex-Cracks am Haus. Daß sie es sich meistens leisten können, ist kein Grund, es ihnen weniger hoch anzurechnen. Viele andere könnten es auch, tun es aber trotzdem nicht.

So manches ehemalige »Buschpferd«, dressurmäßig gut ausgebildet und erfahren, aber den Härten einer langen Prüfung im Gelände nicht mehr gewachsen, kann einen vernünftigen Freizeitreiter noch viele Jahre glücklich machen. Da lohnt sich ein bißchen Rücksichtnahme auf nicht mehr ganz so taufrische Sehnen oder etwas eingerostete Gelenke allemal.

Zum Schluß unserer Betrachtungen über die Möglichkeiten, ein Pferd, ohne daß es Schaden nimmt, in andere Hände zu geben, möchte ich Ihnen sagen: Sie vollbringen eine große Tat, wenn Sie Ihr Pferd abgeben, weil es bei Ihnen nicht mehr altersgerecht versorgt werden kann. Sie werden eine Zeitlang traurig sein. Sie werden Ihr Pferd vermissen. Doch Sie können sich trösten: Sie haben zum Wohl Ihres Pferdes gehandelt. Das allein zählt.

Es gibt gar nicht so wenige Menschen, die gern ein älteres Pferd besitzen wollen. Sie haben sich genau überlegt, was für ein Pferd zu Ihnen paßt und eines Tages beschlossen:

Ein älteres Pferd wird gekauft

Wer kauft ein älteres Pferd? Was verspricht ein Reiter oder eine Reiterin sich von einem Pferd, das sozusagen die besten, das heißt leistungsstärksten Jahre hinter sich hat und womöglich schon kurze Zeit nach dem Besitzerwechsel unreitbar wird? Nun, die letzte Frage ist am schnellsten zu beantworten. Ein Pferd, ob jung oder alt, kann von einem Tag auf den anderen durch Unfall oder Krankheit aus der Arbeit genommen werden müssen. Rechnen muß man immer mit einem solchen Ereignis, eigentlich wie bei Menschen auch. Manch junges Pferd mußte früh seine Laufbahn beenden, während das angeblich schon uralte in der Nachbarbox immer noch Reiter auf die Galoppbahn trägt. Wenn ich hier von älteren Pferden spreche, die den Besitzer wechseln, dann meine ich Pferde, die zwar schon Jahre unter dem Sattel gegangen sind, aber deren Ausscheiden aus der Arbeit aller Wahrscheinlichkeit nach noch einige Jahre entfernt liegt. Also können sie gut noch einem anderen Herrn dienen, wenn bei dem vorherigen, aus welchen Gründen auch immer, kein Platz mehr für sie ist.

Doch wer soll dieser Herr oder diese Herrin sein? Nun, das sind Kinder, ältere Menschen, Jugendliche und alte Menschen, da gibt es träge, ängstliche und überbeschäftigte Menschen und fürsorgliche und auch die, die fast bis zur Selbstaufgabe Pferdefreunde sind. Sie alle sehen in dem Erwerb eines älteren Pferdes Vorteile für sich, und die zuletzt genannten auch noch am meisten für das von ihnen liebevoll umsorgte Pferd.

Neue Freunde in späten
Jahren

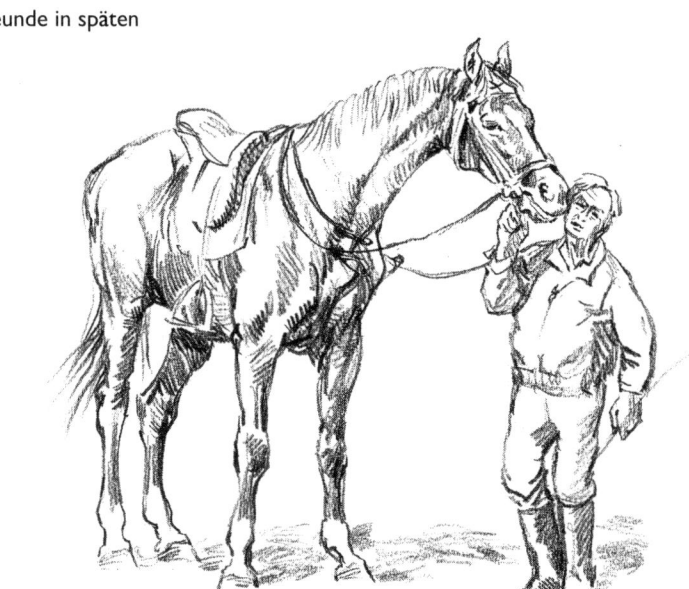

Das Verlaßpferd

Ein älteres Pferd kann zu einem wunderbaren Begleiter eines Kindes werden, das das Reitenlernen begonnen hat. Dieses Kind kann sich ganz auf das konzentrieren, was die ausbildende Person ihm sagt, und muß nicht unbedingt mit Unruhe oder Heftigkeiten seines Pferdes rechnen. Ältere Pferde wissen meistens, was man von ihnen erwartet, sie können auch schwache Hilfen wahrnehmen und nehmen manche zu starke nicht übel. Sie sind schon viele Jahre an das Gebiß im Maul gewöhnt und verzeihen einer Kinderhand eine unkorrekte Parade eher als junge Pferde. Beim Putzen sind sie gnädiger und erschrecken nicht, wenn unter dem Bauch plötzlich eine Kardätsche kratzt, und sie heben willig die Hufe, um einem Kind das eifrige Ausräumen zu erleich-

tern. Kinder können nach dem Reiten mit einem älteren Pferd meistens noch bummeln gehen und so das Zusammensein ausdehnen. Dankbar wird sich ein älteres Pferd noch zu einigen Grashalmen führen lassen, ehe die Boxentür wieder hinter ihm geschlossen wird. Auch von der Weide holen läßt sich ein solcher erfahrener Freund von einem Kind gern, und vorsichtig sammeln seine Lippen Leckerbissen von der kleinen Hand.

Ein älteres Pferd kann einem jungen Reiter manchmal durch dessen ganze Kindheit begleiten. Wenn das Kind dann groß ist, hat es auf wunderbare Weise Reiten gelernt und kann sich jungen Pferden zuwenden, während sein älterer Liebling in Pension geht und bei gelegentlichen Besuchen dankbar wiehert und Anlaß zu Erinnerungen gibt. »Weißt du noch?« sagt dann der fast erwachsene Sohn zu

Hänschen lernt vom braven,
alten Hans!

seinem Vater, der ihm damals die ältere Stute zum Geburtstag schenkte. »Weißt du noch, wie wir das erste Mal zusammen ausgeritten sind? Ich auf meiner Lissy und du auf deinem großen Braunen? Und wie **ich** dich durch die Pfütze geleiten mußte? Lissy hatte nämlich keine Angst vor Wasser.« »Ja«, antwortet dann der Vater, »du hast mir auch geholfen, den Braunen auf den Hänger zu lotsen. Lissy blieb ganz ruhig und ging immer ohne weiteres hinauf. Sie war ein gutes Begleitpferd.« »Die Wochenenden auf dem Turnierplatz haben mir gefallen«, sagt dann noch der Sohn. »Ich bin überall herumgeritten auf Lissy, auch da, wo die Hänger standen und auf dem Abreiteplatz. Einmal habe ich Milton gesehen. Es war eine schöne Zeit.«

Das Lehrpferd

Für fortgeschrittene Jugendliche kann ein älteres Pferd ein gutes Lehrpferd sein. Das Pferd kennt seine Lektionen, der Reiter oder die Reiterin möchte lernen, Prüfungen der L- oder M-Klasse zu reiten. Zum Lernen beim Reiten gehört Fühlen. Kein junges Pferd, das gleichzeitig ausgebildet wird, während sein Reiter auf ihm Unterricht hat, kann ihn fühlen lassen, wann der Sitz und wann das Gleichgewicht stimmt. Ältere, gut ausgebildete Pferde wissen, was sie tun sollen. Manchmal schon, wenn der Reiter nur daran denkt, was er im nächsten Moment reiten will. Und auch bei diesem Leistungsstand eines jungen Reiters gilt: Ältere Pferde nehmen mit ihrer ruhigen Gelassenheit

Fehler nicht so sehr übel. Sie korrigieren sich oft selbständig und vermitteln öfter Erfolgsgefühle, als junge Pferde es können.

Wenn man also einem jungen Reiter ein gutes, ausgebildetes Pferd zur Verfügung stellt, damit er durch Erspüren der korrekten Bewegungen lernen kann, schwere Dressurlektionen zu reiten, so ist das kein Verwöhnen, kein Schummeln, kein Steine-aus-dem-Weg-Räumen, wo eigentlich selbst schwere Brocken bewältigt werden sollten. Niemand kommt auf die Idee, einen Klavierschüler sein Instrument selbst stimmen zu lassen. Später, wenn der Klavierschüler vielleicht ein passabler Pianist geworden ist, wird er das Stimmen sicher überwachen wollen. Noch früh genug wird ein junger Reiter sagen: »Den Neuen, den reit' ich aber selber an.« Wenn er dann die Arbeit beginnt, wird er glücklich erkennen, wieviel ihn das ältere Pferd gelehrt hat.

Ja, und es gibt Reiter, die von einem Pferd manchmal bis zu zwanzig Jahre begleitet worden sind. Sie möchten sich, wenn sie dieses Pferd verloren haben, kein junges kaufen. Sie hatten sich in den letzten Jahren daran gewöhnt, mit ihrem alt gewordenen Pferd lange, ruhige Ausritte zu unternehmen, anstatt schweißtreibend auf dem Viereck zu arbeiten. So halten sie nach einem älteren Pferd Ausschau, das, ruhig geworden, noch einige Jahre mit ihnen in dem abwechslungsreichen Gelände verbringen kann. Auch ältere Menschen, die sich endlich kurz vor ihrer Pensionierung oder manchmal auch danach den Traum ihres Lebens erfüllen möchten, nämlich reiten zu lernen oder nach jahrelangem Unterricht auf Schulpferden ein eigenes Pferd zu besitzen,

gucken sich vorzugsweise nach einem älteren Pferd um.

Manchmal spielt auch die Zeit eine Rolle, die jemand für sein Pferd erübrigen kann. Hat man nur wenig Zeit, nimmt ein älteres Pferd es weniger übel, wenn es nicht jeden Tag in der Woche geritten, sondern zum Beispiel jeden zweiten Tag von einem anderen Menschen in den Auslauf oder auf eine Weide gebracht wird. Eine solche Abwechslung zwischen gemütlichem Reiten und reiterlosem Herumtollen ist für ältere Pferde das richtige Maß an Bewegung.

Und dann gibt es noch die Menschen, die ich oben schon erwähnt habe, die so sind wie meine Freundin Margareta. Diejenigen, die sich selbstlos um ein altes Pferd kümmern, sich manchmal richtig in es verlieben, es übernehmen, ob noch reitbar oder nicht, und versprechen, das Pferd bis an dessen Lebensende zu versorgen. Ich brauche nur meine Freundin anzurufen und zu sagen, daß es da ein altes Pferd gebe, das nicht wisse, wo es hinkönne, und… Schon wird Margareta ausrufen, daß das ja todtraurig sei und daß sie selbstverständlich auch noch dieses arme Wesen aufnehmen wolle. Sie wird dann eine weitere Box hinter ihr Haus stellen und in den nächsten Wochen davon schwärmen, was für ein liebes Pferd sie da nun noch zusätzlich zu den anderen habe. Und daß es schon sehr zutraulich geworden sei und zugenommen habe. Und noch eine Woche später wird sie berichten, daß sie es geritten habe, das neue Pferdchen, daß es brav gewesen und gut gegangen sei. Margareta wird sich nie mehr ein junges Pferd kaufen. Sie ist selbst Pensionärin und liebt ältere Pferde, die schon etwas erlebt haben und ihr in Ruhe davon erzählen können.

Pferd in mittleren Jahren gesucht

Wie finden Sie nun ein Pferd, das nicht mehr jung, doch auch noch nicht sehr alt ist? Ein Pferd, das noch geritten werden kann, ohne den Übermut der Jugend zu einem Unfallrisiko werden zu lassen? Wo stehen sie alle, die Pferde, die schon ein arbeitsreiches Leben hinter sich haben, doch noch lange nicht zum alten Eisen gehören, und deren Besitzer seit einiger Zeit Ausschau halten nach einem Reiter, der Favorito, Regina oder die kleine Susi übernehmen will? Favorito, vierzehn Jahre, darf vielleicht nicht mehr springen, sein Besitzer aber kann ohne seine Turnierwochenenden nicht leben. Regina ist dreizehn und heuallergisch und soll auf des Doktors Rat aufs Land ziehen. Und die kleine Susi kann mit ihren fünfzehn Jahren den inzwischen einen Meter fünfundsiebzig großen und recht schwer gewordenen Reiter Thomas nicht mehr tragen. Fragen Sie Freunde oder Bekannte, ob sie eines dieser Pferde kennen, hängen Sie einen Zettel in Reitsportfachgeschäften aus und in benachbarten Reitställen, und lesen Sie Fachzeitschriften. Manchmal findet sich sogar ein älteres Pferd, das neuen Familienanschluß sucht, im heimischen Anzeigenblatt, oder ein Züchter hat eine ältere Stute angeboten bekom-

»Älteres Pferd in gute Hände abzugeben.«

Bei aller Liebe, von diesem
Kauf ist abzuraten!

men, mit der er aber nicht züchten möchte. Eines Tages, ganz überraschend, werden Sie zum Beispiel Gräfin finden, eine kleine Fuchsstute, die vierzehn Jahre alt ist und wegen eines Todesfalles abgegeben werden muß, und sie wird Ihr Pferd sein, nachdem Sie sie drei Minuten gesehen haben.

Halt, werden Sie jetzt sagen. Da bin ich aber sehr erstaunt. Darf ich wirklich ganz spontan und mit dem Herzen ein Pferd kaufen? Nein, antworte ich, natürlich nicht, auf keinen Fall, wenn Sie sich und das Pferd nicht eventuell unglücklich machen wollen. Sie müssen erst prüfen, ob Sie beide zusammenpassen, ob der eine dem anderen geben kann, was er braucht. Es sei denn, Sie übernehmen das Schulpferd, das Sie schon sehr lange kennen, oder den Schimmel Egon, der bei

einem Freund nicht bleiben darf und den Sie schon immer gern mochten. Pferde aus dem Freundeskreis sind ja leichter einzuschätzen als ältere Pferde, die Ihnen von fremden Reitern angeboten werden.

Ein älteres Pferd zu besitzen, hat, wie gesagt, für viele Reiter einige Vorteile. Doch reiterlich müssen die Besitzer solcher Pferde in einigen Fällen zurückstekken, sie dürfen manchmal nicht mehr springen mit dem Pferd oder nicht in der staubigen Halle reiten, oft nicht jeden Tag einen langen Ritt unternehmen oder können es nicht mehr in Dressurprüfungen vorstellen. Sie müssen abwägen. Ältere Pferde können eben schon die eine oder andere gesundheitliche Beeinträchtigung haben, die unbedingt beachtet werden muß. Dieses Wissen um die nicht mehr 100prozentige Belastbarkeit des

King, das Shetlandpony

Ich will es gleich vorwegnehmen: King ist heute 40 Jahre alt. Er ist ein Shetlandponywallach, 94 cm groß, schneeweiß (wenn er eine Stunde geputzt wurde!) und führt wohl das freieste Leben, das sich ein Pferd am Haus wünschen kann. Kings Box steht immer offen. Er benutzt sie nur, wenn alle auf dem Ilsenhof schlafen oder wenn es Bindfäden gießt. Ansonsten hat er den ganzen Tag zu tun, Elisabeth Keiths saarländischen Reit- und Zuchtbetrieb zu überwachen. Er geht auf dem Hof herum, schlendert durch alle Ställe und sieht auf den Weiden der Schul- und Pensionspferde nach dem Rechten. Wenn es im Reiterstübchen Pflaumenkuchen gibt, riecht er das meilenweit und erscheint, um sich sein Stückchen abzuholen. King sieht gut genährt aus, doch er ist nicht zu dick. Und das bei freiem Zugang zu der Schiebkarre mit dem Alleinfutter für alle Pferde des Hofes! King holt sich eine Portion Futter, wenn er Hunger oder es nicht genug Kuchen gegeben hat. Die Tür der Futterkammer steht meistens offen. (Bitte auf gar keinen Fall diese Fütterungspraxis in Ihren Hinterkopf aufnehmen! Für uns gilt, was ab Seite 76 über Futter geschrieben steht. Nur ganz wenige Ponys vertragen Kraftfutter!)

Elisabeth Keith bekam King von ihren Eltern zum Geburtstag geschenkt, als er neun und sie sechs Jahre alt war. Sie lernte schnell reiten auf ihm und spannte ihn auch vor den Wagen, als sie größer wurde. Sie fuhr Mutters Eier im Heimatort aus, King wußte bald, welcher Kunde die besten Lekkerlis bereitstehen hatte für ihn. Elisabeth rückte sogar Holz mit ihrem Pony in Vaters Wald. Unzählige andere Kinder haben auf dem kleinen Schimmel reiten gelernt. Zuletzt Frau Keiths Tochter Angela. Das ist erst ein paar Jahre her. Angela wurde mit drei Jahren Siegerin in der jungen Disziplin ›Führzügelklasse‹.

Elisabeth hat nicht zuletzt durch ihren treuen King so viel Freude am

Reiten gefunden, daß sie diesen Sport zu ihrem Beruf werden ließ. Sie wurde Bereiterin und dort, wo sie lernte, gab es mehrere Pferde, die schon über dreißig Jahre alt waren. »Natürlich können Pferde vierzig Jahre alt werden«, sagte sie mir am Telefon, »aber dann muß man sich auch kümmern und diese Tiere nicht in den Ammoniakdämpfen ihrer Boxen dreiundzwanzig Stunden des Tages gefangenhalten.«

King war nie krank. Er wurde regelmäßig entwurmt und geimpft und erkrankte zum ersten Mal vor drei Jahren, als eine Virusgrippe den ganzen Pferdebestand des Ilsenhofes befiel.

Sieben Tage hatte das Pony hohes Fieber, es litt sehr. Am achten Tag aber, als all seine Betreuer die Hoffnung auf Genesung aufgegeben hatten und nur der Tierarzt gesagt hatte: »Warten wir noch ein bißchen ab. Sein Herz ist noch kräftig«, wieherte er am Morgen seiner Besitzerin entgegen. Das Fieber war gesunken, King genas.

Wer dieses Pony sehen möchte, ist herzlich willkommen. Wanderreiter können aufgenommen werden. Telefonische Anmeldung unter der Nummer 0 68 32 / 2 79. King wird in Bekkingen-Haustadt bei seiner Familie gewiß noch einige Jahre Pförtner spielen.

Pferdes wirft folgende Fragen auf: Wie erkenne ich, ob ich es wagen kann, ein älteres Pferd zu kaufen? Wie kann ich sicher sein, daß es nicht schon morgen unreitbar sein wird?

Nun, sicher sein können wir alle nicht, daß unser Pferd morgen noch gehen kann. Doch es gibt Anhaltspunkte, die Sie beachten sollten. Als erstes sehen Sie sich ja das Pferd an, das Sie kaufen könnten. Sie lassen es sich unter dem Reiter vorführen, probieren selbst aus und fragen, ob es gesundheitliche Schäden hat, die man nicht ohne weiteres sehen kann. Dann lassen Sie sich erzählen, wie das Pferd gefüttert wird. Aus der Futterzusammenstellung können Sie ersehen, ob eventuelle Beschwerden im Magen-Darm-Trakt vorhanden sind. Wenn Ihnen eine Abweichung von normalem Pferdefutter auffällt (s. S. 76), fragen Sie, warum dies oder das gefüttert wird. Sagt

man Ihnen, das Pferd fresse ganz normal, gucken Sie, ob es seinem Alter entsprechend auch danach aussieht (Sie können das Alter ja nun an den Zähnen ablesen, oder?), ob es nicht zu dünn ist, wie das Fell beschaffen ist und was Ihnen seine Augen erzählen. Gut wäre, wenn Sie erreichen könnten, daß man Ihnen das Pferd für eine Zeit von etwa zwei Wochen zur Verfügung stellt, so daß Sie in Ruhe prüfen können, ob Sie zusammenpassen. Mag man es Ihnen nicht anvertrauen, sollten Sie wenigstens ein zweites Mal, diesmal unangemeldet, kommen und sehen, ob man das Pferd für Ihren ersten Besuch besonders vorbereitet, das heißt gelöst, hatte. Es könnte sein, daß Sie entdecken, daß das Pferd sehr steif aus seiner Box tritt, eventuell sogar ein wenig schont und sich erst »einlaufen« muß, wie dann gern gesagt wird (s. S. 57). In solch einem Fall muß man mit Arthrose oder

Hufrolle (s. S. 57) rechnen. Über den Grad der Veränderung kann nur der Tierarzt anhand von Röntgenaufnahmen Auskunft geben. Vorsicht ist auch geboten, wenn Sie erfahren, daß das Pferd wochen- oder sogar monatelang nicht mehr bewegt oder geritten wurde. Es hat dann sicher viel Muskelsubstanz verloren, und die Gelenke sind steif geworden. Seinen Trainingsstand aus der Zeit vor der Pause wird es dann nicht mehr erreichen. So sagt auch die längste Erfolgsliste eines Pferdes nichts über seine augenblickliche Leistungsfähigkeit aus. Fragen Sie nach dem Vorleben der Stute, die Ihnen in jeder Minute mehr ans Herz zu wachsen beginnt, und die auch Sie anscheinend mag. Schon jetzt sucht sie in Ihren Taschen nach Leckerlis und scheuert ihren Kopf an Ihrer neuen Reitjacke. Aus allem, was das Pferd in seinem ja nun schon et-

Rechts oben: Ein trainiertes Pferd kann auch nach seinen »besten Jahren« noch springen. Wichtig ist, daß der Reiter die Leistungsfähigkeit seines vierbeinigen Partners kennt und ihn nicht überfordert.
Unten: Alle Pferde wälzen sich gern auf der Weide oder im Sandpaddock. Wälzt sich ein älteres Pferd, ist das ein gutes Zeichen: Es tut ihm nichts weh.

Nächste Seite:
Oben: Wenn ältere Pferde Rückenschmerzen haben, quält sie das Reitergewicht. Leichte Arbeit vor der Kutsche auf nicht zu tiefem und zu hartem Untergrund macht ihnen aber oft noch lange Freude.
Unten: Ältere Pferde können sich auf der Weide oft nicht mehr gegen Angriffe und Belästigungen jüngerer Artgenossen wehren. In der Gesellschaft von Ponys oder Eseln fühlen sie sich aber meistens wohl.

»Und Sie sagen, der frißt sehr gut?«

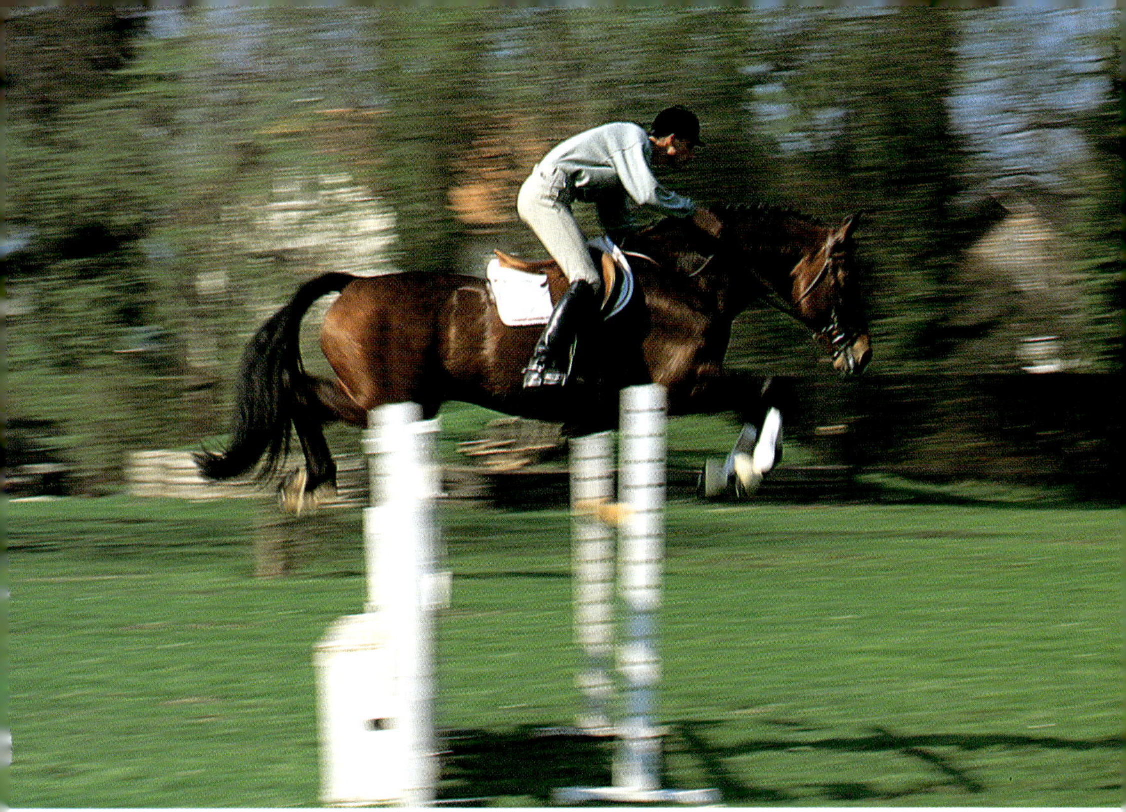

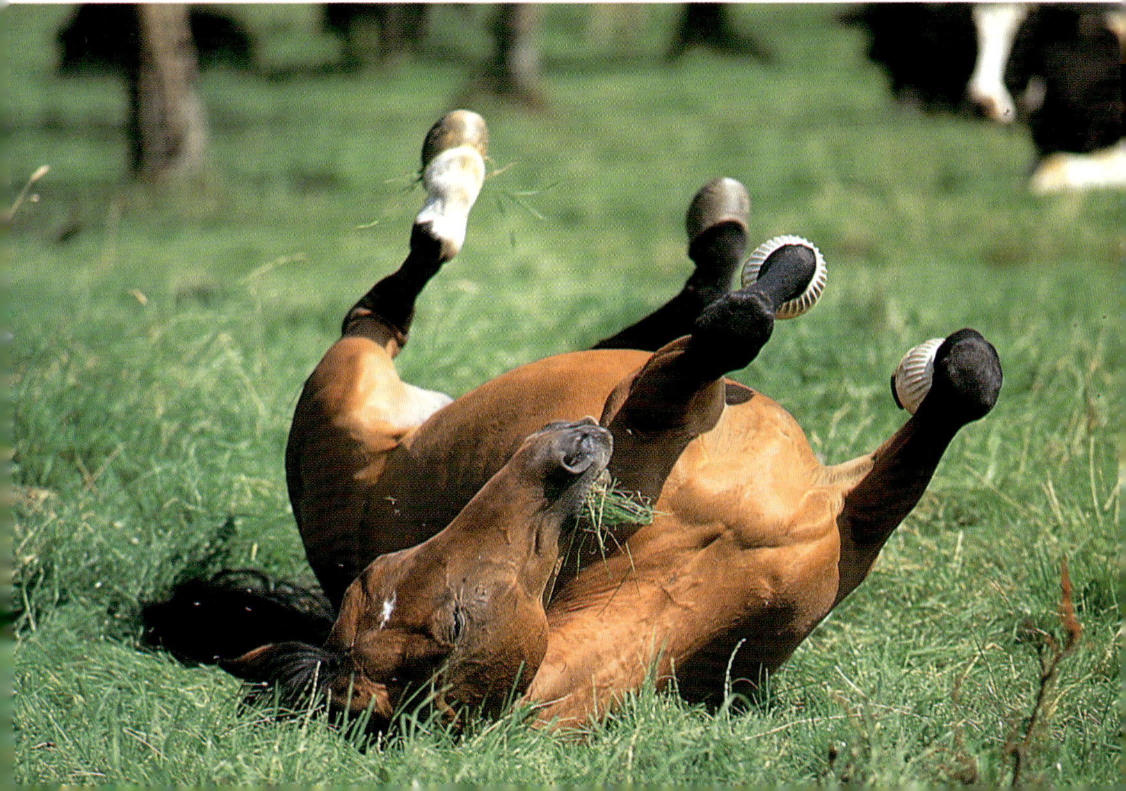

was längeren Leben erlebt hat als Reitpferd, lassen sich Rückschlüsse auf sein Verhalten beim Reiten, auf seine Belastbarkeit und eventuelle gesundheitliche Schäden ziehen.

Dann, wenn Sie die kesse ältere Dame am liebsten gleich aufladen und mitnehmen möchten, rufen Sie Ihren Pferdearzt an. Er wird kommen und Ihnen bald das Ergebnis seines mehr oder weniger ausführlichen Checks mitteilen. Sie entscheiden nun wieder ganz für sich, ob Sie das Pferd kaufen wollen. Sie werden das, was Sie reiterlich erleben und sportlich leisten möchten, mit dem vergleichen, was das Pferd nach Aussage des Veterinärs und nach Ihrer eigenen reiterlichen Erfahrung noch leisten kann.

Das hört sich alles einfach an, können Sie jetzt sagen, doch ich bin nun ganz verunsichert. Soll ich nicht doch nach einem jungen Pferd Ausschau halten? Nein, sage ich, die meisten Punkte, die man zu beachten hat beim Kauf eines älteren Pferdes, treffen auch auf ein junges zu. Auch beim Kauf eines dreijährigen, rohen Frechdachses aus der Sippe des *Equus caballus* müssen Sie gucken, beobachten, fragen und untersuchen. Ein Pferd zu kaufen, ist immer eine aufregende Sache. Wichtig ist, daß man weiß, was man sportlich will und von seinem Pferd erwartet.

Und was man ihm bieten kann! Ein älteres Pferd, das bei Ihnen hinter dem Haus stehen und robust oder fast robust gehalten werden soll, darf nicht aus einem Stall kommen, in dem Ende Oktober alle Luken geschlossen werden, um die Kälte auszusperren (leider aber auch die frische Luft), da die überwiegend in der Halle arbeitenden Reiter ihren Pferden kein Winterfell gönnen möchten. Ein

älteres Pferd kann sich eventuell nicht umgewöhnen, auch wenn Sie mit dicken und dünnen Decken umsichtig je nach Kälte sein Frösteln zu verhindern suchen. Und ein älteres Pferd, das sein ganzes bisheriges Leben lang nachts auf trockenem Stroh gelegen hat, wird sich bei Ihnen womöglich auf der nassen Weide nicht hinlegen mögen und so seine Beine nicht entlasten. Andersherum sollte ein hauptsächlich draußen gehaltenes Pferd nicht in einen Stall gebracht werden, in dem es den Rest seines Lebens von dem schönen Leben auf der Weide nur noch träumen kann. Ihr neues älteres Pferd wird auf einen solchen Wechsel mit Lustlosigkeit und dauernder Kränkelei reagieren, und Sie werden enttäuscht sein, wenn es nicht einmal das Wenige leistet, das Sie sich erhofft haben.

Ja, und wenn man Sie bittet, in einem Kaufvertrag zu bestätigen, daß Sie das Pferd nicht weiterverkaufen werden, ohne die vorherigen Besitzer zu fragen, und daß Sie ihnen Bescheid geben werden, wenn das Ende des geliebten Vierbeiners naht, so willigen Sie freundlich in diese Klausel ein. Denken Sie daran, daß Ihr neues Pferd von den anderen Menschen ebenso gemocht wurde, wie Sie es jetzt mögen. Und daß sie natürlicherweise an seinem Schicksal interessiert bleiben.

Nun gehen Sie also auf die Suche. Schauen Sie sich gut um, und sehen Sie von einem aufregenden Spontankauf aus Liebe ab. Es gibt zwar kein perfektes Pferd, also auch kein perfektes älteres Pferd, doch es gibt ein perfektes Pferd für Sie. Sie werden es finden.

Sie besitzen ein älteres Pferd? Oder haben Sie sich gerade ein älteres Pferd gekauft?

»Er gehört nun mir.«

Dann haben Sie natürlich den Wunsch, Ihren Parsival oder die kleine Stute Ludmilla so lange wie möglich gesund und fit zu halten. Es kann auch das Pony Ihres Sohnes sein, das nun bei Ihnen auf der Weide herumläuft, weil der junge Mann sich an der Universitätsstadt einquartiert hat und nur alle paar Wochen auf Besuch kommt. Oder Sie sorgen sich um den Wallach Ihrer Freundin, den Sie im benachbarten Reitstall auch regelmäßig bewegen, weil sie es alleine nicht mehr schafft.

Sie fragen sich, was kann ich für meinen Liebling tun, an was muß ich denken, was darf ich auf keinen Fall vergessen, wenn ich möchte, daß mein Pferd ein hohes Alter bei relativ guter Gesundheit erreicht? Sie möchten also alles wissen über:

Die Haltung älterer Pferde

Sie haben mit einem älteren Pferd zu tun und beobachten es sehr genau. Aufmerksam achten Sie auf jede seiner Bewegungen, seinen Atem, die Verdauung und auf kleine Anzeichen einer Unpäßlichkeit. Lassen Sie uns darum einen Augenblick reden über:

Die speziellen Gesundheitsprobleme älterer Pferde

Arthrose

Am häufigsten wird die Gesundheit von älteren Pferden durch **Arthrose** beeinträchtigt. »Ein wenig Arthrose im Alter ist normal«, sagte mir einmal ein Tierarzt und zerstreute damit meine Bedenken, daß das Pferd, das ich betreute und bei dem er durch Zufall diese Rückbildungen der Gelenke festgestellt hatte, bald nicht mehr geritten werden könne. Es lahmte nicht. »Die meisten Pferdebesitzer wissen nicht, daß ihr Pferd bereits Arthrose hat.« Ist diese sogenannte Abnutzung noch nicht schmerzhaft, wird sie meistens gar nicht erkannt.

Zu harte Belastung der Gelenke, meistens der Vorderbeine, zum Beispiel durch Springen oder Rennen, dazu vielleicht noch auf harten Böden, begünstigen diese Krankheit. Dressurpferde, die

»Ein Herz hat er wie ein Fünfjähriger.«

gelernt haben, ein Teil ihres Gewichtes und das des Reiters auf die Hinterbeine zu verlagern, schonen ihre Vorderbeine und erkranken seltener an Arthrose der Vorderbeine, sie sind eher gefährdet, Spat an den Sprunggelenken zu bekommen. Auch jahrelanger falscher Beschlag kann eine Fehlstellung der Gliedmaßen herbeiführen und Arthrose auslösen. Mit Bandagen beim Reiten kann möglicherweise vorgebeugt werden.

Der Rücken ist im leichten Sitz entlastet, dafür müssen die Vorderbeine viel Gewicht (er-)tragen.

Schale

Junge und ältere Pferde können an **Schale** erkranken, durch Verletzungen, durch Schläge, Gehen auf harten Straßen und auch durch erbliche Veranlagung. Schale nennt man Auftreibungen auf Knochen. Sie kommt zwischen dem Fesselbein und Kronbein und tiefer zwischen dem Kronbein und Hufbein vor und löst starke Schmerzen aus, manchmal sogar schon bei Berührungen. Das Pferd lahmt oft erheblich. Schale ist, wie gesagt, keine Alterskrankheit bei Pferden, wird aber von den Veterinären oft als eine solche angesehen.

Ich hatte meinen damals zwanzig Jahre alten Vollblutaraber wahrscheinlich zu

oft über ein recht einladendes, doch ausgetrocknetes und somit hart gewordenes Stoppelfeld galoppiert. Einmal war er dabei heftig gestolpert, vielleicht umgeknickt. Er lahmte stark. Der Tierarzt röntgte, weil äußerlich weder eine Verletzung noch eine Schwellung zu sehen waren, schüttelte einige Tage später mit dem Röntgenbild in der Hand den Kopf und meinte: »Schale! Und das in **dem** Alter!« Und verschrieb Cortison. Er hatte also nicht viel Hoffnung auf Besserung. Dabei kann Schale so weit zurückgebildet werden, daß sie nicht mehr schmerzt. Das erfuhr ich von meiner Heilpraktikerin, deren Freunde das folgende Rezept schon häufig erfolgreich angewendet haben. Ich fütterte Marcus mit dieser Lösung, anstatt mit dem Mittel einzureiben, das alle Selbstheilungskräfte lähmt und von den Tierärzten verabreicht wird, wenn sie keine andere Hilfe mehr anbieten können. Marcus läuft heute, zwei Jahre nach diesen bangen Monaten, wie in seinen jungen Jahren.

Bei Schale kommt es zu Knochenauftreibungen.

1. Vorderröhre
2. Gleichbein
3. Fesselbein
4. Kronbein
5. Strahlbein
6. Hufbein
7. Knochenauftreibungen bei Schale

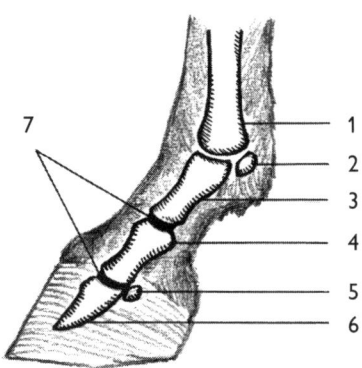

Homöopathische Schale auflösende Tropfen

Wenn Sie Ihr an Schale erkranktes Pferd nicht mit Cortison behandeln wollen, schreibe ich Ihnen für alle Fälle das Rezept auf, das ich von meiner Heilpraktikerin erhielt. Folgende Tropfen oder Lösungen sind bei der Deutschen Homöopathischen Union (DHU) zu beziehen. Sie lassen sie sich am besten in der Apotheke zusammenmischen:

Arnika	D6	20 ml
Silicea	D6	20 ml
Calcium fluoratum	D6	20 ml
Rhus toxicodendron	D6	20 ml
Ruta	D1	20 ml
Symophytum	D2	20 ml
Apis	D6	20 ml
Echinacea	D6	20 ml
Traumeel		30 ml
Metaoscyl		50 ml

Man zieht täglich 5 ml der Lösung mit einer Spritze aus der Flasche auf und drückt sie dem Pferd (ohne Kanüle!) zwischen den Laden ins Maul.

Schmeckt nicht, hilft aber!

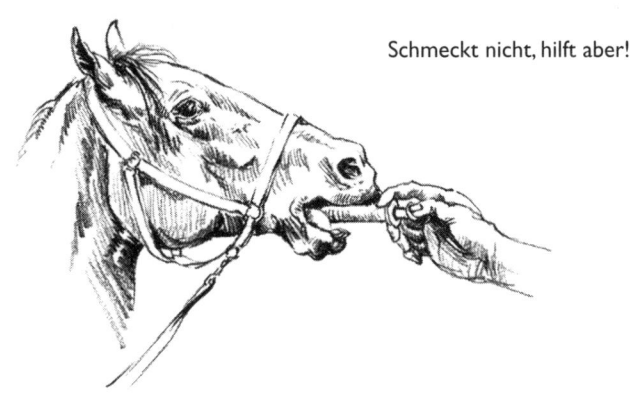

Husten

Ausgelöst durch Haltung in schlecht gelüfteten Ställen und durch das Verfüttern von staubigem und verpilztem Heu und Stroh, tritt bei älteren Pferden **allergischer Husten** mit Schädigungen der Lungen immer häufiger auf. Wird die Allergie rechtzeitig erkannt und nicht zu lange auf eine Erkältung getippt (Allergiker husten **ohne** Fieber!), kann ein Pferd beschwerdefrei weiterleben und alt werden, wenn die entsprechenden Maßnahmen ausnahmslos eingehalten werden. Als erstes löst der Tierarzt den sich allmählich verhärtenden Schleim aus den Lungen durch eine Spülung oder durch Medikamente, die mit dem Futter eingegeben werden. Hierzu kann ich Ihnen zwei Rezepte geben, die ich von Heilpraktikern, die auch Pferde erfolgreich behandeln, bekommen und selbst ebenso wirksam angewendet habe. Doch all die Medikamente nützen nichts, wenn nicht ganz streng auf staub- und pilzfreie Futtermittel und Einstreu geachtet wird.

Lungenerkrankungen und Husten entstehen auch durch das ständige Einatmen von Ammoniak aus den Zersetzungsprodukten des Mistes in der Box. Auch hier kann eine Verschlimmerung durch täglich frische Einstreu verhindert werden.

Homöopathische schleimlösende Hustentropfen

Auch dieses Rezept, das die Lösung des Schleimes bei Husten fördert, bekam ich von meiner Heilpraktikerin. Folgende Tropfen können Sie bei der DHU beziehen und lassen sie sich am besten in der Apotheke zusammenmischen:

Bryonia	D6	50 ml
Grindelia	D6	50 ml
Kalium jodatum	D6	50 ml
Stannum	D6	50 ml

Antimonium sulfuratum aurantiacum	D8	50 ml

Man zieht täglich 3 ml der Lösung mit einer Spritze aus der Flasche auf und drückt sie dem Pferd (ohne Kanüle!) zwischen den Laden ins Maul.

Kräutermischung als Schleimlöser bei allergischem Husten

Bei Pferden mit allergischem Husten wirkt zum Lösen des Schleimes in der Lunge folgende Kräutermischung:

Radix Primulae	100 g
Rhizobium Violae odoratae	200 g
Fructus Anisi contus	100 g

Man teilt die Kräuter nach dem Mischen in sieben gleich große Portionen auf, feuchtet jeden Tag eine Portion an und mischt sie unter das Futter. Die Kur kann mehrmals wiederholt werden.

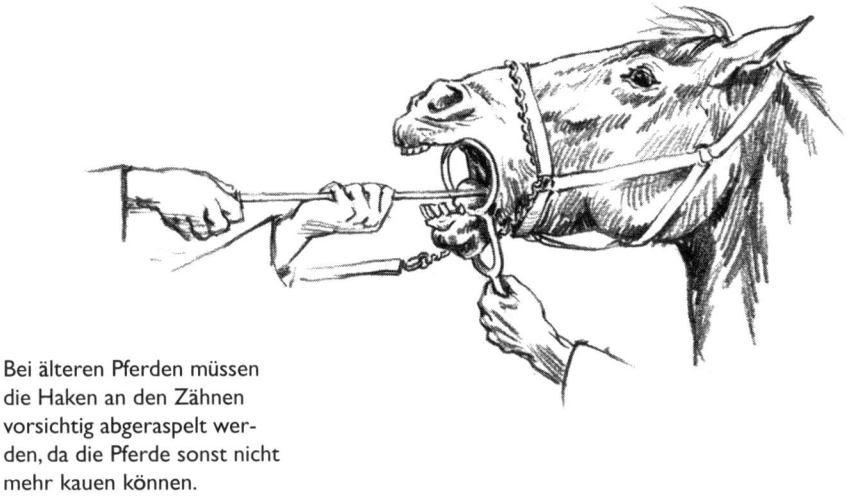

Bei älteren Pferden müssen die Haken an den Zähnen vorsichtig abgeraspelt werden, da die Pferde sonst nicht mehr kauen können.

Zahnprobleme

Die **Zähne** werden bei älteren Pferden oft scharfkantiger. So kann das Futter nicht mehr richtig zerquetscht werden, und Verdauungsprobleme sind die Folge (s. »Kolik« S. 62). Wenn Sie Ihr älteres Pferd beim Fressen einer Mohrrübe beobachten, können Sie sehen, ob es dieses beliebte Stückchen Gemüse unproblematisch zermalmen kann oder ob immer wieder ein Stückchen auf einem Zahn hängenzubleiben scheint. Der Tierarzt muß diese scharfen Kanten regelmäßig abraspeln. Mit großer Vorsicht, bitte! Denn Zähne von älteren Pferden sind nicht mehr so hart wie die von jüngeren. Brechen sie ab oder fallen sie ganz heraus, wird das Fressen schwierig (siehe S. 42 »Zarewitsch, das Voltigierpferd«).

Sehfähigkeit

Wie ältere Menschen bekommen auch ältere Pferde häufig Schwierigkeiten mit ihrer **Sehfähigkeit**. Manchmal werden Stolpern, Angst vor Geräuschen und Panik nicht als Folge von verminderter Sehfähigkeit erkannt. Altersdiabetes löst oft Grauen Star aus, meistens aber erst in einem Alter, in dem das Pferd sowieso aus anderen Gründen nicht mehr geritten werden kann. Wird ein Pferd blind, muß jeder einzelne Besitzer abschätzen, ob sein Pferd mit dieser Krankheit leben und sich zurechtfinden kann oder ob es eingeschläfert werden muß. In seiner gewohnten Umgebung kann ein Pferd oft noch lange mit dieser starken Behinderung leben, manchmal auch noch behutsam geritten werden. Sein Zuhause wechseln darf ein solches Pferd allerdings auf keinen Fall.

Herz-Kreislauf-Erkrankungen

Oft rührt Kurzatmigkeit nicht von einer Lungenerkrankung, sondern von einer Schwäche des **Herzens** her. Auch Wasser in der Lunge und geschwollene Beine können auf eine nicht mehr volle Funktionsfähigkeit des Herzens hinweisen. Mit dem richtigen Medikament, zum Beispiel Digitalispräparaten, muß ein älteres Pferd nach der Diagnose »Herzinsuffizienz« nicht wie ein Invalide geschont werden. Eine gute tierärztliche Behandlung ermöglicht das Reiten, allerdings ohne Aufregung und Überlastung. In einer Reiterzeitschrift berichtete vor kurzem eine Leserin, daß sie ihre bejahrten Islandwallache, die heftige Herzprobleme hatten, mit Weißdornpräparaten behandelt hat, und daß die beiden wieder freiwillig Galopp anbieten.

Kolik

An **Kolik**, meistens zu spät erkannter, gehen viele ältere Pferde ein. Magen und Darm sind nicht mehr so leistungsfähig wie in jungen Jahren und daher nicht mehr stark belastbar. Schlechtes Kauen durch schlechte Zähne, Fehler bei der Fütterung, zuviel Futter auf einmal oder ein Futterwechsel, manchmal zusammen mit Bewegungsmangel, können schnell eine Kolik auslösen, auch Erkältungskrankheiten, starker Wind und aufwirbelnder Sand sowie Darmverlagerungen durch ungewöhnliche Bewegungen und zuwenig Wasseraufnahme. Immer muß der Tierarzt sofort gerufen werden, wenn starke Bauchschmerzen vermutet werden.

Bei unerklärlichem Unwohlsein älterer Pferde sollte man auch an **Unterleibsentzündungen** denken. Abszesse können lange im Körper vorhanden sein, ehe sie sich rühren. Eine Blutuntersuchung gibt Aufschluß und liefert auch gleich die Werte, die auf einen eventuellen Mineralstoffmangel hinweisen können.

Rückenprobleme

Mit einem anatomisch nicht ideal gebauten Rücken, also einem langen, tiefen oder weichen Rücken, kann ein Pferd vorzeitig Probleme mit der Last des Reiters bekommen. Pferde mit tiefem Rücken, also Senkrücken, die trotz vieler Vorbehalte dressurmäßig geritten werden, können im Alter unter **Rückenschmerzen** leiden. Reiten Sie ein Pferd, bei dem Sie Rückenprobleme vermuten, einem Tierarzt vor. Er wird erkennen, ob es weiterhin gesattelt werden darf. Sie wissen, ein Pferd kann uns nicht sagen, daß ihm sein Kreuz weh tut.

Kolikanzeichen sind:
Stampfen mit den Hinterbeinen, Umsehen nach dem Leib, Scharren mit den Vorderbeinen, Hinlegen und Wiederaufspringen, gespreiztes Stehen und starkes Schwitzen. Bis der Tierarzt eintrifft, das Pferd nicht mehr fressen lassen (die Pferde mögen auch meistens nichts fressen, dadurch wird man am häufigsten auf eine Kolik aufmerksam), Wasser anbieten, ruhig umherführen oder in eine große Box stellen.

① normaler Rücken
② Karpfenrücken
③ Senkrücken
④ Pferd hinten überbaut

Während meiner Jahre in Panama besaß ich einen englischen Vollblüter, der jahrelang auf der Rennbahn gelaufen war und danach vom Vorbesitzer auf dem Dressurviereck geritten worden war. Der Amerikaner verkaufte mir Oceanico, als er in die Staaten zurückging, und erklärte, aus Zeitmangel habe er das Pferd in der letzten Zeit selten geritten. Ich freute mich über Oceanicos Gänge und seine Gutmütigkeit. Am ersten Tag. Am zweiten stieg er nach fünf Minuten. Am dritten ließ ich ihn nur im großen Paddock toben. Am vierten trabte er eine halbe Stunde ruhig seine Runden in der Tropenhitze auf dem Reitplatz in der Kanalzone, dann stieg er. Am fünften Tag stieg er sogleich, nachdem ich aufgesessen war und anreiten wollte. Ich war ratlos, bis Oceanicos ehemaliger Jockey zufällig in den Stall kam und mir sagte: »Der hatte Probleme mit dem Rücken. Sonst hätt' ich ihn noch ein Jahr geritten. Die Wetter auf der Rennbahn mochten ihn sehr.«

Ältere Hengste müssen manchmal das Decken aufgeben, weil sie Rückenprobleme bekommen haben.

Stolpern

Manche ältere Pferde kommen häufig ins **Stolpern**. Das kann an schlechtem Beschlag, an nachlassender Sehfähigkeit oder nur an Unaufmerksamkeit liegen. Bei letzterem haben die Pferde oft die Lust an ihrer immer gleichen Arbeit verloren und leiden unter der Monotonie ih-

Steigen muß nicht immer Ungehorsam bedeuten.

Tierarzt erlaubte von da ab nur Schrittreiten im Gelände. Das konnte die Besitzerin noch lange, und wie sie sagte, vermißte sie nichts auf ihren Ausritten. Sie lächelte an heißen Tagen besonders, wenn sie mit einem trockenen Pferd aus dem kühlen Wald zurückkam und wir gerade unsere verschwitzten Pferde duschten und mit dem Schweißmesser abzogen.

Viele Krankheiten, die bei älteren Pferden auftreten, kann man mit dem besten Willen und mit bester Pflege nicht verhindern. Wie bei uns Menschen stellt sich nun einmal mit den Jahren dieses oder jenes Zipperlein ein. Solange sich die Beschwerden nicht zu einer unerträglichen Krankheit ausweiten, kann der Pferdebesitzer sein Reiterleben nach dem Vermögen seines Tieres einrichten. Vermeidbare Krankheiten sollten natürlich gar nicht erst auftreten. Das läßt sich in vielen Fällen erreichen durch…

Die Gesundheitsvorsorge

Wie alt ein Pferd werden kann, hängt sehr stark von der Pflege ab, die sein Besitzer oder seine Besitzerin ihm zukommen lassen. In diesem Fall meine ich mit Pflege die Fürsorge, noch genauer gesagt, die Gesundheitsvorsorge. Sie ist wichtig für alle Pferde aller Altersstufen, besonders aber für ein Pferd, das schon viel gearbeitet hat, also schon eine ganze Weile auf der Welt ist. Es ist nicht mehr so widerstandsfähig wie seine jungen Schwestern und Brüder, und eine Vernachlässigung der Gesundheitsvorsorge kann schnell böse Folgen haben.

Eine Mehrfach-**Impfung** gegen Pferdehusten, Influenza (Virusgrippe), Teta-

res Lebens. Es kann aber auch eine Schwäche der Beine sein. Sie sollten ein älteres Pferd, das oft stolpert, dem Tierarzt vorstellen. Aus Stolpern kann sehr schnell ein Sturz werden. Und der geht womöglich nicht immer ohne Verletzungen für Reiter und Pferd aus. Eine siebzehnjährige Stute ist einmal urplötzlich, in der Halle, im Galopp, auf dem Zirkel, unter mir zusammengebrochen. Ihre Vorderbeine knickten einfach weg. Der

Häufig stolpernde Pferde sollten dem Tierarzt vorgeführt werden.

nus (Wundstarrkrampf) und Rhinopneumonitis (Nasen- und Lungenentzündung) sollte selbstverständlich sein. Dazu eine Impfung gegen Tollwut, wenn das Pferd Weidegang hat. Wann die Wiederholungsspritzen notwendig sind, schreibt der Tierarzt in den Impfpaß des Pferdes. Neuerdings raten einige Tierärzte davon ab, allergische Pferde mit angegriffenen Lungen, außer gegen Tetanus und Tollwut, zu impfen. Sie befürchten, daß solche Pferde nicht genug Widerstandskräfte gegen den Impfstoff aufbringen und somit ausgelöst werden könnte, was gerade verhindert werden soll. Alle weiteren Impfungen dürfen nur auf Anraten eines Tierarztes erfolgen.

Bei Pferden lassen vom zehnten, elften oder zwölften Lebensjahr an die Abwehrkräfte nach. Möchten Sie wissen, ob Ihr Pferd gesund ist, können **Blut-** und **Kotuntersuchungen** zeigen, woran es dem Körper eventuell mangelt und ob sich Erreger oder Pilze eingeschlichen haben. Auch über die Wurmart, unter der Ihr Pferd am meisten leidet, gibt eine solche Kontrolluntersuchung Auskunft. Regelmäßige **Wurmkuren**, die Sie Ihrem Pferd verabreichen, sind lebenswichtig für ältere Pferde. Durch die Kotuntersuchung wissen Sie, welche Mittel Sie gezielt einsetzen müssen. Sonst berät Sie Ihr Tierarzt. Verlassen Sie sich nicht auf den Stallbesitzer, bei dem Ihr Pferd steht, wenn er freundlich anbietet, sich um diese Vorsorge selbst zu kümmern. Auch wenn zwei Wurmkuren im Jahrespensionspreis enthalten sind, sind Sie gefordert. Besonders wenn Sie erkennen, daß stark verwurmte Pferde Kontakt zu Ihrem haben oder hatten – zum Beispiel auf einer Gemeinschaftsweide –, ist Eigeninitiative wichtig. Im Herbst zum Beispiel muß unbedingt ein Mittel gegen die Gastrophilen dabei-

»Ist Hugo schon wieder dran?«

sein, deren Eier im Sommer von Fliegen an die Haare der Beine und an die Schulterblätter der Pferde geklebt werden. Dort leckt sie das Pferd auf und transportiert sie in seinen Magen-Darm-Trakt. Würmer sind nicht nur Mitesser im Darm, ihre Larven können auch in den Blutkreislauf gelangen und die Lungen und das Gehirn angreifen.

Sehr wichtig ist auch die regelmäßige **Hufpflege**, besonders das Ausschneiden und Beschlagen durch einen Schmied. Der achtet auch auf die Beinstellung. Ältere Pferde, die ihr bisheriges Leben auf nicht ganz korrekt gewachsenen, also verstellten, Beinen gelaufen sind, sollte man im Alter nicht durch Spezialbeschläge zu korrigieren versuchen. Eine veränderte Stellung würde Sehnen und Gelenke ganz anders und damit schädlich belasten. Doch ausbalanciert muß ein Pferd stehen. Schauen Sie sich Ihr Pferd genau von vorne, von der Seite und von hinten an, nachdem Sie es auf eine ebene Fläche gestellt haben. Fällt Ihnen eine Abweichung auf, ist es wichtig, herauszufinden, ob diese Abweichung die normale Anatomie des Pferdes ist, oder ob die Fehlstellung von falschem Beschneiden des Hufes und falschem Beschlag herrührt. Reden Sie mit Ihrem Schmied oder Tierarzt, wenn Sie Bedenken haben.

Der Huf von vorne gesehen

Die zehenweite Stellung kommt bei Pferden häufig vor. Nur wenn Lahmheiten auftreten und es feststeht, daß sie von einer Überbelastung der Gelenke kommen, muß durch Spezialbeschlag eine Korrektur versucht werden.

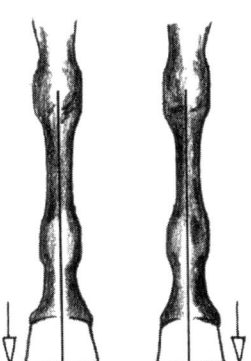
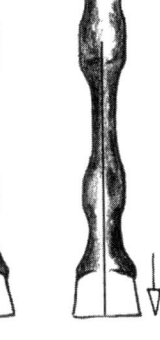

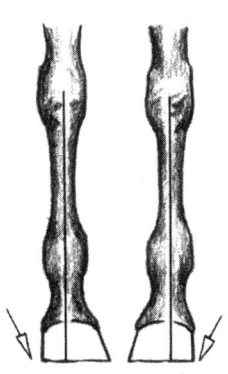

1. korrekte Hufstellung   2. zehenweite Stellung   3. zehenenge Stellung

Der Huf von der Seite gesehen

Die Linie, die die richtige Huflänge und damit die korrekte Stellung des Beins angibt und die Sie sich denken müssen, wenn Sie Ihr Pferd begutachten, verläuft in der Knochenmitte zur Mitte des Hufes. Abweichungen dieser Linie nach vorn oder hinten sind fehlerhaft und gefährden die Gesundheit Ihres Pferdes.

① korrekte Hufstellung
② zu langer Huf
③ zu kurzer Huf

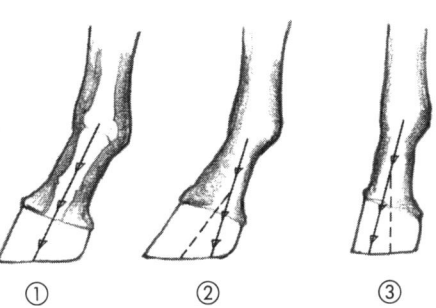

Der Huf von hinten gesehen

Ein zu eng gewordener Huf sollte vom Schmied allmählich wieder korrigiert werden, damit nicht der Strahl verkümmert und der gesamte Hufmechanismus außer Kraft gesetzt wird.

Die waagerechte Linie zeigt, wie einfach Sie erkennen können, ob ein Huf gerade geschnitten ist und das Pferd beidseitig gleich hohe Hufwände besitzt.

Der Huf von unten gesehen:

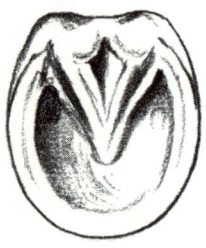

1. normal weiter Huf   2. Zwanghuf

Der Huf von hinten gesehen:

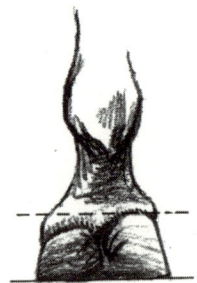

Dieser Huf wurde schräg beschnitten.

Die **Zähne** eines älteren Pferdes müssen regelmäßig kontrolliert werden (s. S. 61). Beobachten Sie, ob Ihr Pferd ganzen Hafer noch vollständig zermalmen kann und wie es Mohrrüben frißt, damit durch das eventuelle Fressen von zu großen Nahrungsbrocken keine Verdauungsstörungen ausgelöst werden (s. S. 62).

Ja, und dann gilt es, ältere Pferde immer gut zu **beobachten**. Sie wissen am besten, wie Ihr Pferd aussieht, wenn es sich wohl fühlt. Sieht es anders aus, guckt es müde und anscheinend traurig, werden Sie sofort aktiv. Sie kontrollieren die Atmung, beobachten, ob Ihr Pferd ganz steif dasteht oder unruhig ist, ob es gefressen hat, sich zu ungewohnter Zeit hinlegt, immer wieder nach seinem Leib sieht, das Fell glanzlos ist, ob es hustet beim Reiten, beim Fressen, oder wenn es still in seiner Box steht und/oder ob es Nasenausfluß hat, der sonst nicht da war. Messen Sie bei ungewöhnlichen Anzeichen Fieber. Ein Pferd hat, im After gemessen, eine normale Temperatur zwischen 37,5 und 38,2 °C.

Lahmt Ihr Pferd, lassen Sie es ruhig stehen, und rufen Sie den Doktor. Legen Sie auf keinen Fall warme oder kalte Umschläge an, oder reiben Sie nicht mit dem Mittel ein, daß bei der Karina in der Nachbarbox bei deren Lahmheit so gut geholfen hat. Der Tierarzt kann besser erkennen, woran Ihr Pferd leidet, wenn es nicht vorbehandelt worden ist.

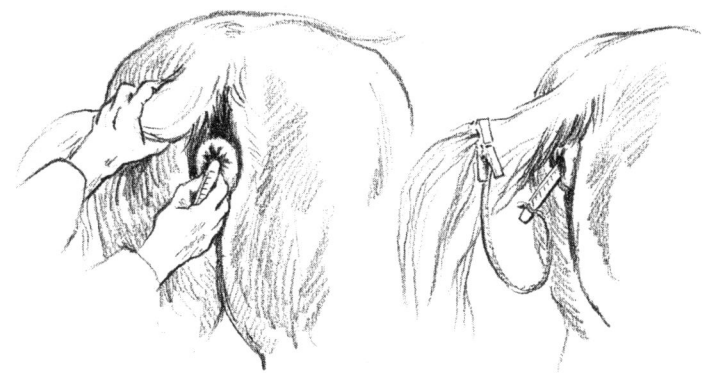

Oben: Damit das Thermometer nicht im Enddarm verschwindet, wird es mit einem Faden und einer Wäscheklammer am Schweif gesichert.

Unten: »Warum mußte gerade **der** hier einziehen?«

Ihre Stallapotheke sollte trotzdem einige Mittelchen enthalten: Um kleine Verletzungen zu desinfizieren, tränende Augen auszuwaschen, Strahlfäule behandeln und wunde Hautstellen fetten zu können, oder um Fliegen abzuhalten.

Es ist gut, über die Gewohnheiten älterer Pferde genau Bescheid zu wissen,

um rechtzeitig eine Unpäßlichkeit erkennen zu können, die sich bei Nichtbeachtung eventuell zu einer Krankheit ausweitet.

Mögen sich der große Sansibar oder die dicke Berta auch wie die meisten Pferde verhalten. **Ihr** älteres Pferd könnte sich in einer für andere Pferde normalen Situation unwohl fühlen und zum Beispiel nicht mehr oder recht hastig fressen, wenn in die Box links neben ihm ein Neuer eingezogen ist. Lachen Sie nicht über den Ärger Ihres Fabians, sondern beobachten Sie, ob er sich allmählich beruhigt oder ob er sich in seiner Ablehnung des unbekannten Nachbarn hineinsteigert und aus dieser Spannung heraus womöglich eine Kolik entwickelt.

Ältere Pferde sind empfindlicher als junge, sie stecken plötzliche Veränderungen in ihrem Tageslauf, dauernde Unruhe rundherum um ihr Zuhause und plötzliche Hektik nicht so gut weg wie in ihren jungen Jahren. Ich übrigens auch nicht, und mein Wissen über mich kommt meinem älteren, ja nun schon bald alten Pferd zugute.

Sicherlich wird es Ihnen Freude machen, sich vorbeugend um Ihr älteres Pferd zu sorgen. Wer ein älteres Pferd besitzt, hat, wohl wissend um das Mehr an Zuwendung, das diese Pferde brauchen, selbstverständlich die Zeit eingeplant, die die Gesundheitsvorsorge benötigt. Denn er weiß, er würde sich Vorwürfe machen, wenn er dieses Pferd als älteres, aber noch nicht sehr altes Pferd durch eine Krankheit verlieren sollte, die mit Aufmerksamkeit und vorbeugenden Maßnahmen hätte verhindert werden können. Zu der Gesundheitsvorsorge gehört natürlich auch eine altersgerechte Behausung, also:

Der Stall

Ich habe es schon gesagt: Für ein älteres Pferd ist die Haltung in einem sehr guten Stall, das heißt in einer sehr guten Box, lebenswichtig. Bei Robustpferden gilt diese Forderung für deren Leben an der frischen Luft ebenfalls, also für den Unterstand, den sie zu jeder Zeit erreichen können müssen. Die besten Boxen sind Außenboxen. Sie sollten eine Fensterluke haben, die auch im Winter nicht geschlossen wird. Scheint es Ihnen draußen zu kalt zu sein, decken Sie Ihr Pferd lieber ein.

Ältere Pferde bekommen aber meistens ein sehr dichtes Winterfell. Damit sorgt die Natur vor. Dem eventuell von Kreislaufproblemen ausgelösten Frieren wird mit diesem dicken Fell vorgebeugt. Es ist sehr wichtig, ältere Pferde mit frischer Luft im Stall zu versorgen, besonders wenn sie einen großen Teil des Tages in ihrer Box verbringen müssen. Auch die Atemwege sind nicht mehr so gut imstande, herumfliegende Erreger abzuwehren, mit Staubpartikelchen fertigzuwerden und dem Dauerangriff der Ammoniakdämpfe aus dem Mist standzuhalten. Schlechte Luft macht außerdem müde, unlustig und faul. Sie könnten meinen, Ihre Stute sei nun doch allmählich am Ende ihrer Leistungskraft und bald in das Rentendasein zu schicken, während doch eigentlich nur der fehlende Sauerstoff im Stall Ihr Pferd so erschöpft. Stalluft muß

Rechts:
Für Gesundheit und Wohlbefinden von Pferden ist ihre artgerechte Haltung unerläßlich. Frische Luft rund um die Uhr ist für ältere Pferde mit allergischem Husten die beste Medizin.

Oben links: Der 22jährige Zarewitsch trug seine Reiterin Tanja Benedetto bei den Weltreiterspielen 1994 in Den Haag zur Goldmedaille der Damen im Voltigieren.
Oben rechts: Lipizzaner gehören zu den »spätreifen« Pferderassen. Sie werden meistens erst mit fünf bis sechs Jahren eingeritten. Die Pferde haben bis dahin eine lange Jugend auf der Weide verbracht, in der sich Gelenke und Sehnen vor der Belastung durch das Reitergewicht festigen konnten. Darum können Lipizzaner oft bis ins hohe Alter dressurmäßig geritten werden.
Unten: Gut ausgebildete Ponys sind geduldige Lehrpferde für unerfahrenere Reiter. Sie spüren, was ihr Reiter erreichen möchte, und vermitteln ihm ein Gefühl für die richtigen Hilfen.

sich 60 cm in der Sekunde bewegen, also relativ schnell **ganz** ausgetauscht werden, wenn Pferde gesund bleiben sollen. Menschen mögen diesen Luftstrom als unangenehm empfinden. Pferden ist diese schwache Zirkulation angenehm, dies kann nicht oft genug wiederholt werden.

Auch die Größe einer Box ist wichtig. Ihr Pferd muß sich gut drehen, am besten sogar einige Schritte gehen können. Finden sich zwei Pferdebesitzer zusammen, deren Pferde sich eine große Box teilen, oder können sogar drei und mehr Pferde beieinander wohnen, haben diese Pferde gute Bewegungsmöglichkeiten. Sie kön-

Frische Luft ist lebensnotwendig, ganz besonders für Pensionäre.

nen sich necken und miteinander spielen. Sie bewegen dabei ihre Gelenke und halten sie so elastisch. Eine Einzelbox sollte wenigstens das doppelte Stockmaß des Pferdes je Seitenlänge der Box, also nicht unter 3,40 m x 3,40 m betragen. Je größer, wie gesagt, desto besser!

Die Einstreu richtet sich nach den Bedürfnissen des Pferdes. Ältere Pferde ohne Atemwegserkrankungen stehen am besten auf Stroh, Allergiker am besten auf Holzspänen. Wichtig ist, herauszufinden, in welcher Haltung sich **Ihr** Pferd am wohlsten fühlt. Mein zweiundzwanzigjähriger Vollblutaraber mit Heuallergie steht auf Haferstroh, das auch sein Rauhfutter ist (s. S. 84 »Haferstroh«). Hafer soll sich ja wohltuend auf die Lungen auswirken, Hafertee ist bei menschlichen Asthmatikern ein lindernder Trank. Als vor einigen Jahren das Verfüttern von Grassilage an Pferde aufkam, gab ich meinem Pferd davon, glücklich, nun seine Rauhfutterrationen aufbessern zu können. Er mochte die Silage gern und vertrug sie gut, doch er wurde recht dick. Die Lahmheit, die im gleichen Winter auftrat und als Schale diagnostiziert wurde, führe ich auch auf den zu hohen Eiweiß- und Vitamin A-Gehalt der Silage zurück (s. S. 79). Jetzt wird Marcus' Freßstroh nur ein wenig mit den besten Gräsern aus der Silage gewürzt. Er zupft diese Leckerbissen als erstes heraus, und ich sehe, wie es ihm schmeckt. Doch auch, wenn es mir weh tut, mehr Sauerkraut gibt es nicht. Mein Pferd muß verzichten um seiner Gesundheit willen.

Unterstände von Robustpferden sollten etwas höher liegen als der Boden drum herum. So bleibt der Untergrund trocken. Ein Unterstand sollte zwei Öffnungen haben, damit ein ranghohes

Pferd keinem rangniedrigeren Tier der Gruppe den Ein- oder Ausgang verstellen kann. Sie sollten für jedes Pferd eine Krippe in dem Unterstand anbringen, eventuell mit einer Anbindevorrichtung. Ältere Pferde werden oft verdrängt und dürfen nur fressen, was übrigbleibt. Und das ist in den meisten Fällen nicht viel, manchmal gar nichts. In großen Holzkisten oder Rundraufen in oder neben dem Unterstand sollte das Rauhfutter gegeben werden. So können die Pferde gemeinsam drumherum stehen, in Ruhe futtern, und kein älteres Pferd wird ausgeschlossen.

Vor einem Unterstand ist ein gut befestigter trockener Platz notwendig. Wenn auch langes Stehen in Matsch gut sein soll bei harten Hufen, Dauerfeuchtigkeit kann doch Schaden, zum Beispiel am Strahl, anrichten. Außerdem müssen Robustpferde davor geschützt werden, beim Schlafen oder Dösen im Stehen im aufgeschwemmten Boden festzufrieren, falls der Winter plötzlich kräftig zuschlägt.

Ganz wichtig ist für im Freien gehaltene Pferde das frische Wasser und der Salzleckstein. Gerade ältere Pferde müssen unbedingt zu jeder Zeit die Möglichkeit haben, Wasser und Salz aufnehmen zu können, um ein Austrocknen des Körpers zu verhindern. Außerdem arbeitet ihr Verdauungssystem träger als bei jungen Pferden. Die Nahrung muß aber durch Wasser weich und elastisch gehalten werden, so daß sie, ohne zu stocken, den langen Darm des Pferdes passieren kann.

Achten Sie darauf, daß Sie jeden Tag zu Ihrem Pferd gelangen können. Besonders in großen Ställen wird oft ein Stehtag angeordnet, der alle Pferde zum quälenden Stehen in ihren Boxen verdon-

Gemeinsam sind sie stark.

nert, damit das Stallpersonal, ohne große Mühe mit Arbeitsablaufplänen und Aushilfskräften zu haben, einen freien Tag nehmen kann. Ältere Pferde leiden besonders an einem solchen Tag, an dem sie nicht bewegt und nicht unterhalten werden. Pferde, die wenig arbeiten, benötigen keine absoluten Ruhetage. Im Gegenteil, sie brauchen mehr Bewegung, mehr Zuwendung und mehr frische Luft. Sie stehen doch sowieso schon viel länger in ihren engen Behausungen, als ihnen

eigentlich zuzumuten ist. Ein älteres Pferd wird nach einem Tag ohne Bewegung seine Gelenke schmerzhaft spüren, und ein zu freudiger, zu früher und heftiger Galoppsprung nach einem solchen Einzellentag kann schnell einen Muskel- oder Sehnenriß auslösen.

Sie haben Ihrem älteren Pferd eine gute Box beschafft oder es unter Robustpferden wohlversorgt im Freien laufen. Jetzt möchte ich Sie bitten, zu bedenken, was für ältere

Pferde besonders wichtig ist und bei richtiger Handhabung zu dem langen Leben führen kann, das sie sich für Ihren Liebling erhoffen. Gemeint ist…

Das Futter

Grundnahrungsstoffe

Von der Art der Ernährung hängt die Gesamtverfassung Ihres Pferdes ab. Sie beeinflußt den gesamten Stoffwechsel, also unter anderem auch die Verdauung, das Gewicht, die Hufbeschaffenheit und das Haarkleid. Ich kann es Ihnen nicht ersparen: Bevor Sie über Art und Weise der Futterzusammensetzung für Ihr älteres Pferd nachdenken und sich für ein Programm entscheiden, müssen Sie die Grundbestandteile des Futters kennen und den Einfluß, den diese auf die Gesundheit und Leistungsfähigkeit Ihres älteren Pferdes haben. Sie wissen, das Pferd gewinnt seine Energie aus **Kohlenhydraten**, **Eiweiß** (Protein) und **Fett**. Energie wird gebraucht, um den Körperstoffwechsel intakt zu halten, zum Beispiel um Körperzellen zu erneuern, um Hormone zu bilden, Vitamine zu verarbeiten und die Bildung von Abfallprodukten wie Kot und Urin zu unterstützen.

Das natürliche Pferdefutter aus Korn (als die Pferde in der Steppe noch ohne uns Reiter auf dem Rücken herumliefen, brauchten sie noch keinen Hafer als Kraftfutter), Gras oder Heu oder Grassilage enthält viele Kohlenhydrate, weniger Eiweiß und eine noch geringere Menge Fett. Kohlenhydrate sind organische Verbindungen, zu denen unter anderem Stärke und Zucker gehören. Das Verdauungssystem des Pferdes kann fast alle Arten von Kohlenhydraten verarbeiten. Es arbeitet am besten, wenn die Kohlenhydrate vielfältig zusammengesetzt sind, ganz im Gegenteil zu dem Verdauungssystem des Menschen und dem der fleischfressenden Tiere. Sehr leicht verdauliche Kohlenhydrate, wie sie Korn enthält, können, im Übermaß gefüttert, zu Kolik, zu Stoffwechselkrankheiten und Lahmheiten (Hufrehe, schmerzhafte Entzündung der Hufdlederhaut an den Vorderfüßen) eines Pferdes führen.

Eiweiß ist in Korn, Gras, Heu und Grassilage enthalten und hat einen genauso hohen Nährwert wie die Kohlenhydrate. Es wird im gesamten Stoffwechsel benötigt. Auch Eiweiß im Übermaß kann zu Vergiftungen (z. B. Hufrehe) führen. Kleine und leichte Pferde sollen im Frühjahr nicht zuviel junges Gras fressen, im Winter wenig Silage und immer wenig Hafer, wegen des Eiweißes **und** der leichtverdaulichen Kohlenhydrate. (King, das Shetlandpony, von dem ich schon erzählt habe, ist eine Ausnahme, was die Kraftfutteraufnahme angeht, und die Fütterungspraxis der Besitzerin ist auf keinen Fall nachzuahmen!)

Viel **Fett** brauchen Pferde nicht. Doch es ist in einer gewissen Menge notwendig für das Haarkleid, die Hufe, die Leber und alle anderen Drüsen. Es ist hauptsächlich im Korn enthalten.

Zu diesen drei Energielieferanten braucht ein Pferd **Ballaststoffe**, also unverdauliches Pflanzenmaterial, damit der lange Darm arbeiten kann. Es ist darum wichtig, zu den genannten Futtermitteln Korn (Hafer), Gras, Heu und Silage ausreichend Stroh zum Fressen, nicht nur als Einstreu, zu geben!

Ein älteres Pferd braucht meistens mehr Nahrung als in seinen jüngeren Jah-

Doch wieder zuviel Hafer
bekommen!

ren, und zwar von bester Qualität. Es verbraucht zwar nicht mehr so viel Kraft bei der Arbeit, doch sein Verdauungssystem und eventuell schlechte Zähne können nicht mehr so wie früher alle benötigten Nährstoffe aus der Nahrung herausziehen. Dabei muß natürlich abgewogen werden, ob das Pferd noch in intensiver Arbeit steht, nur zwei- bis dreimal in der Woche bewegt wird oder schon sein sogenanntes Gnadenbrot erhält, das eigentlich besser »Belohnungsbrot« genannt werden sollte oder »Dankeschönbrot«, in Erinnerung an all die Jahre, die es treu getan hat, was wir von ihm verlangt haben.

Nun sagen Sie wieder: »Ach, herrje, wie hört sich das alles kompliziert an! Ich möchte mir die Einzelheiten der Ernährungslehre gar nicht merken. Ich möchte nur wissen, wieviel! Wieviel Hafer, Heu und Stroh muß ich denn nun täglich füttern oder von dem Futtermeister meines Stalles für mein älteres Pferd verlangen?«

Diese Frage habe ich erwartet. Ehe ich konkret antworte, muß ich noch einmal ausweichen. Die Futtermenge richtet sich, wie gesagt, nach der erwarteten oder der bewältigten Leistung, dazu nach der Rasse des Pferdes, seiner Leichtfuttrigkeit, nach der Größe und nach der Situation, in der es sich befindet. Wenn ein Pferd besondere Gegebenheiten zu bewältigen hat, verändert sich sein Nahrungsbedarf oft sehr schnell. Kaltes Wetter, Lahmheiten oder Parasitenbefall, Infektionen oder chronische Krankheiten können eine zusätzliche Futterration notwendig machen. Und um Ihnen nun endlich eine Antwort zu geben, sage ich: Ganz, ganz durchschnittlich gesehen, braucht ein mittelgroßes und mittelschweres älteres Pferd, das noch arbeitet, 4 kg Hafer, 4 kg Heu und 4 kg Stroh! Heuallergische Pferde erhalten über Nacht in Salzwasser eingeweichtes Heu oder ersatzweise Haferstroh. Dies wird natürlich nicht eingeweicht. Die

»Heute haben wir nicht
gerade hart gearbeitet.«

Hafermenge verringert sich, wenn das
Pferd auf der Weide Gras frißt. Auch Heu
und Stroh müssen nicht zugefüttert
werden, wenn das ältere Pferd mehr
Ballaststoffe in Form von frischem Gras
bekommt. Zu solchem Gras ist allerdings wieder eine kleine Haferzugabe
als Kraftfutterergänzung zu empfehlen.
Bei jungem Frühlingsgras sollte ein
ballaststoffreiches Futtermittel dazuge-
geben oder der Aufenthalt auf der Wiese
begrenzt und im Stall das Futter durch
die drei Hauptfuttermittel ergänzt werden.

Füttern Sie Pellets, die es in ihrer Zu-
sammensetzung als Alleinfutter oder Zusatzfutter gibt, müssen Sie anhand der
Nährstofftabelle herausfinden, wieviel
Fertigfutter der Menge entspricht, die ich
Ihnen bei Hafer-, Heu- und Strohfütte-
rung genannt habe. Die vielen Angaben
auf den Beipackzetteln über Vitamin-
und Mineralstoffgehalt der vorgefertig-
ten Produkte werden Sie verunsichern
und Ihnen suggerieren, Sie hätten mehr
auf diese Bestandteile zu achten als auf
die drei Stoffe, die die Energie liefern.
Das ist nicht so. Alle Vitamin- und Mineralstoffe, die Ihr älteres Pferd braucht,
sind in Hafer, Heu, Gras und Grassilage
enthalten! Ist das nicht herrlich beruhi-
gend? Selbst das Saftfutter, das unsere
Pferde so gern mögen, rote Beete, gelbe
Rüben und Möhren und Äpfel sollten
mehr als Leckerbissen angesehen werden
denn als wichtiges Ergänzungsfutter. Bekommt ein älteres Pferd allerdings kein
Heu, sind Möhren als Vitamin-A-Liefe-
ranten wichtig, dazu ein pelletiertes Zusatzfutter, das Gras enthält.

Damit sind wir bei den Vitaminen angelangt, und Sie haben bemerkt, daß zu den Erklärungen über die Energielieferanten eines Pferdes auch ein paar Einzelheiten über die anderen wichtigen Stoffe, die für die Körperfunktionen wichtig sind, gehören.

Vitamine

Nun wäre es einfach, vorsorgend immer ein Vitaminpräparat zu füttern, um einem möglichen Mangel vorzubeugen, der zum Beispiel durch Anbau des Futters auf armem Boden, unsachgemäße Ernte und Lagerung herbeigeführt wird. Doch Sie wissen, einige Vitamine und Mineralstoffe sind, in Überdosis verabreicht, giftig. Es sind: Vitamin A, D und E und die Mineralstoffe Eisen, Selen und Kupfer (ungiftig: die B-Vitamine, Vitamin C und Zink). Manchmal sind die Grenzen zwischen gesund und schädlich, zwischen genügend und zuviel fließend. Um überlegen zu können, was ein älteres Pferd vielleicht zusätzlich an Futter braucht, möchte ich Ihnen die wichtigsten Vitamine kurz vorstellen.

Vitamin A wird vom Pferd aus frischem Gras, gutem Heu, Grassilage und Karotten gewonnen. Meistens erhält ein Pferd aus diesem Futter genug Vitamin A, um den täglichen Bedarf decken und auch noch einen Vorrat im Körper anlegen zu können. Wichtig ist, kein altes, braungewordenes oder zu lange in der Sonne gelagertes Heu zu verfüttern. Dann wäre ein Teil der ursprünglich enthaltenen Vitamine zerstört. Mangel an Vitamin A zeigt sich in Augen- und Hautkrankheiten und zögerlichem Wachstum bei jungen Pferden. Zuviel Vitamin A wirkt giftig und kann brüchige Knochen sowie Kalkablagerungen an den Knochen und grobe Hautveränderungen verursachen. Ausgewachsene Pferde

Schädlich oder gesund?
Genügend oder zu viel?

brauchen ungefähr 10 000 bis 15 000 Einheiten Vitamin A pro Tag. Viele Vitaminpräparate enthalten Vitamin A. Bevor Sie sie verabreichen, sollten Sie mit Ihrem Tierarzt sprechen, um Schädigungen Ihres Pferdes zu vermeiden.

Die **B-Vitamine** sind eine große Familie, die an vielen Stoffwechselvorgängen maßgeblich beteiligt sind. Mangel zeigt sich zum Beispiel in Nervosität (wenn etwa Ihr Fast-Kaltblüter plötzlich nicht mehr stillstehen kann), Muskelkrämpfen, Persönlichkeitsveränderung, Anämie und Augenerkrankungen. Normalerweise werden im Körper des Pferdes genügend B-Vitamine gebildet. Sie müssen also nicht zugeführt werden. Allerdings können Verdauungsprobleme, wie zum Beispiel Durchfall, Kolik, Würmer, schlechtes Futter und Gaben von Antibiotika die B-Vitaminproduktion einschränken. Da ältere Pferde anfälliger sind für diese Gesundheitsbeschwerden, sollte man ein Vitamin B-Präparat vorsorglich dazufüttern. Ein eventuelles Überangebot kann, wie gesagt, nicht gefährlich werden.

Vitamin C ist ein wichtiges Vitamin. Es schützt vor Erkältungskrankheiten. Bei Menschen und bei Tieren, also auch bei Pferden. Die Wirkung beruht auf einer Stützung des Immunsystems, es regt die Abwehrkräfte des Körpers an. Außerdem beugt Vitamin C Hautschäden und Gefäßschwächen vor. Vitamin C-Mangel ruft Skorbut hervor. Vitamin C muß also ausreichend in der Nahrung Ihres älteren Pferdes vorhanden sein. Meistens ist dies aber nicht der Fall, und Sie müssen es zufüttern. Da Vitamin C auch in Überdosis nicht gefährlich ist, können Sie ohne Bedenken in jeder Apotheke eine Dose **Vitamin C** (Ascorbinsäure) kaufen und täglich zwischen drei

und zehn Gramm des Pulvers über das Futter in der Krippe geben und es untermischen. So verteilt sich der etwas säuerliche Geschmack, und auch Futternörgler lassen sich überlisten.

Auch wenn Kalzium und Phosphat (s. S. 81) in ausreichender Menge zur Verfügung stehen, wird ihre Aufnahme in den Körper des Pferdes eingeschränkt, wenn nicht gleichzeitig genug **Vitamin D** aufgenommen wird. Vitamin D wird auch das Sonnenscheinvitamin genannt. Der Körper produziert es, wenn er genug Sonne bekommt. Halten Sie Ihr älteres Pferd mit genügend Auslauf im Freien, sommers und winters, können Sie, wenn es um Vitamin D geht, Ruhe bewahren. Doch auch sonst müssen Sie sich nun nicht gleich Sorgen machen. Vitamin D ist für längere Zeit vorrätig im Körper. Ein Pferd kann in einem Krankheitsfall ohne Nachteile vier Wochen in der Box stehen. Erst danach bringt langer Sonnenentzug eventuell Konditionsschwäche, Mineralisierungsstörungen, Knochen- und Hautveränderungen mit sich. Fragen Sie Ihren Tierarzt, wenn Sie meinen, Ihr Pferd brauche Vitamin D als Präparat. Sie könnten sonst, statt Abhilfe zu bringen, Schaden anrichten. Vitamin D ist in Überdosis sehr giftig, weil Überschüsse nicht einfach ausgeschieden werden können.

Vitamin E macht uns keine Sorgen. Es ist in der Nahrung ausreichend vorhanden. Benötigt wird es vor allem für die Funktionstüchtigkeit des Nervensystems und in den Keimdrüsen. Ein Mangel würde sich in Muskelrückbildungen zeigen, bei tragenden Stuten in eventuellem Verfohlen. Weil auch Vitamin E im Überangebot giftig ist, sollte nur der Tierarzt eine Zusatzgabe empfehlen.

Vitamin K wird im Verdauungstrakt erzeugt. Es ist für die Blutgerinnung nötig. Normalerweise besitzt ein Pferd genug davon. Nur bei länger andauernden Verdauungsbeschwerden oder einer Lebererkrankung könnte eine Zugabe nötig werden. Beim Füttern muß also auf dieses Vitamin nicht geachtet werden, da der Körper es selbst erzeugt.

Auch wenn es Sie anstrengt, nach den Vitaminen müssen Sie sich noch kurz mit den Mineralstoffen, die Ihr Pferd braucht, befassen. Erst dann können Sie sich daranmachen, mit Kennerblick die Inhaltsverzeichnisse der Allein- und Ergänzungsfuttermittel zu studieren.

Mineralstoffe

In das Blut des Pferdes gehören unbedingt **Kalzium** und **Phosphat**, und zwar in ausbalancierter Menge, um die Knochen kräftig zu erhalten. Um die wichtige Balance zwischen diesen beiden Mineralstoffen kümmern sich Hormone. Diese wiederum sind wichtig, um, wie gesagt, die Knochen gesund zu erhalten, andererseits aber auch, um das Herz und die Nieren vor zuviel Kalzium zu schützen. Die Nieren scheiden überschüssiges Kalzium und Phosphat aus. Besteht aber zum Beispiel ein Kalzium-Mangel, dann holt sich der Körper diesen Stoff aus den Knochen. Eine Knochenerweichung ist die Folge, die Krankheit Osteoporose, die auch älteren und alten Menschen zu schaffen macht. Eine Blutuntersuchung und deren Interpretation geben Ihnen Auskunft, ob Sie Kalzium und/oder Phosphat zufüttern müssen. Denken Sie auch daran, daß zuwenig Sonnenschein, also zuwenig Vitamin D, die Aufnahme dieser beiden Mineralstoffe einschränkt.

Kupfer und **Eisen** sind zur Bildung von roten Blutkörperchen wichtig. Nur wenn ein Pferd starken Blutverlust erlitten hat, müßten diese beiden Spurenelemente nachgefüttert werden. Auch hier gilt: Zuviel ist giftig! Und: den Doktor fragen!

Für die Abwehrkräfte wird außer Vitamin C der Mineralstoff **Zink** gebraucht,

In Hafer, Heu und Stroh sind alle wichtigen Nährstoffe enthalten.

ebenso für gesunde Haut und Haare. Leider blockiert eine hohe Kalzium-Aufnahme die Aufnahme von Zink. So kann es nötig sein, ältere Pferden, denen viel gutes Heu gefüttert wird, zusätzlich mit Zink zu versorgen. Zink ist nicht giftig und sollte bei starken Hufproblemen nach Rücksprache mit dem Tierarzt verabreicht werden. Vorher ist es vielleicht möglich, bei den örtlichen Bauern eine Auskunft über den Zinkgehalt des von ihnen produzierten Futters zu bekommen. Viele Vitaminpräparate sind außerdem mit Zink angereichert.

Um Gifte im Körper des Pferdes zu beseitigen, wird **Selen** benötigt, besonders aber für die Muskeln, zu denen auch der Herzmuskel gehört. Futter von selenarmen Böden enthält nicht so viel Selen, wie das ältere Pferd braucht. Doch Vorsicht, Selen ist sehr giftig, wenn zuviel in den Körper gelangt. Erst wenn Sie den Verdacht haben, daß die Muskeln Ihres Pferdes angegriffen sind, daß sie geschwollen sind und schmerzen ohne andere Ursachen, sollten Sie den Tierarzt auf Selenmangel hin ansprechen.

Den größten Mineralstoffbedarf hat das Pferd bei Natrium und Chlorit, also **Kochsalz**. Diese beiden Kochsalzbestandteile sind im gesamten Zell- und Muskelgewebe des Körpers vorhanden. Sie werden für alle Körperfunktionen gebraucht. Die Versorgung mit diesen Mineralien ist einfach: Das Pferd bedient sich nach Bedarf an dem Salzleckstein, den Sie in die Box hängen oder auf der Weide oder am Auslauf anbringen! Es gibt Pferde, die viel lecken, andere lecken seltener. Sie müssen sich darüber keine

Salz sollte immer zur Verfügung stehen.

Muß man studiert haben, um Pferde richtig füttern zu können?

Gedanken machen. Pferde wissen selbst, sie spüren, wieviel Salz sie brauchen. Geben Sie auf gar keinen Fall Salz ins Trinkwasser, wenn sie den Eindruck haben, Ihr Pferd nehme kein Salz zu sich. Das Trinkwasser muß salzfrei sein. Sie könnten in einem zweiten Gefäß Salzwasser anbieten, wenn der Tierarzt zu mehr Salzaufnahme rät.

Damit das Herz und alle anderen Muskeln gut funktionieren können, wird, wie Selen, auch **Kalium** vom Körper des Pferdes gebraucht. Doch wenn Pferde gut gefüttert werden, nehmen sie genug Kalium auf. Höchstens einige Krankheiten wie Kolik, Nierenbeschwerden und Muskelerkrankungen können eine Zugabe dieses Mineralstoffes erforderlich machen. Auch häufige Arbeit bei hohen Temperaturen könnte mehr Kalium erfordern. Doch auch hier gilt: Keine Extragabe ohne den Rat des Tierarztes.

Die Angaben über Vitamine und Mi-

neralstoffe müssen Sie genau beachten, wenn Sie die Beipackzettel der Futtermittelhersteller studieren. Besonders auf die Zugaben von Kupfer, Eisen und Selen in Futtermischungen sollten Sie Ihr Augenmerk richten. Diese drei Stoffe werden meistens nicht extra benötigt und können giftig wirken, wenn sie im Übermaß verfüttert werden. Auch Vitaminpräparate, die viel Vitamin A, D, E und K enthalten, sollten Sie meiden, wenn Sie wissen, daß diese Vitamine schon im Futter Ihres Pferdes enthalten sind.

Nun überlegen Sie vielleicht, ob es richtig war oder sein wird, Ihr älteres Pferd mit Fertigfutter zu füttern, es als Alleinfutter (mit Rauhfutteranteilen) oder als Zusatzfutter zum reinen Hafer zu geben, zum Beispiel halb Hafer, halb Zusatzpellets in Kombination mit Heu oder Grassilage. Bei Heuallergikern ist das ratsam, denn Pellets enthalten die Stoffe, die Ihrem Pferd ohne Heugaben in der Ernährung fehlen würden. Anstelle von Heu wird dann Haferstroh als Ballaststoff gefüttert. Haferstroh ist schon immer ein Futterstroh gewesen. Es enthält viele Ballaststoffe, Proteine, Kalzium, Phosphat und Natrium und liefert nur geringfügig weniger Energie als Heu.

> **Eine alte Bauernweisheit sagt:**
> Gutes Haferstroh ist besser als schlechtes Heu.

Alleinfutter in Form von Pellets möchte ich nicht empfehlen, obwohl viele Pferde ihr Leben lang nur so gefüttert werden und gut damit leben. Als begeisterte Vollkornesserin bin ich gegen jede Vorverarbeitung von Lebensmitteln. Immer (!) verlieren wertvolle Grundnahrungsmittel an Gehalt, wenn sie gemahlen, zerbröselt, gemischt, zusammengeklebt und in Formen gepreßt werden. Ich weiß, daß in einem bearbeiteten Futter nicht mehr alle wertvollen Bestandteile vorhanden sind, die die reinen Ausgangsprodukte enthalten haben. Und man muß sich auf die Sorgfalt der Hersteller, der Lagerer und Verpacker verlassen. Das kann man wohl in den meisten Fällen auch. Doch: Wenn Ihr älteres Pferd imstande ist, normal zu kauen, füttern Sie Hafer (ganz), Heu und Stroh. So wie unsere Großväter ihre Arbeitspferde ernährt haben und die Soldaten ihre treuen Rösser. Gequetschter Hafer sollte es nur sein, wenn ein Pferd die Körner nicht mehr zermalmen kann. Gequetschter Hafer wird oft zu hastig geschluckt. Das kann Kolik hervorrufen. Muß Quetschen sein, dann sollte Hafer vor jeder Fütterung frisch in einer eigenen Quetsche bearbeitet werden. Mein

zweiundzwanzig Jahre altes Pferd frißt noch den ganzen Hafer, und es verdaut ihn auch gut, wie ich bei gelegentlichen Kontrollen der »Äpfel« feststelle.

Welche Fütterung für mein älteres Pferd?

Nun müssen Sie gründlich überlegen, die eine oder andere Stelle dieses Buches noch einmal lesen und sich dann für eine Futterart entscheiden. Wählen Sie Hafer, Heu und Stroh, ist es einfach, die Qualität zu prüfen. Es kommt auf den Wert des Ackers und der Wiese an, auf die Art der Ernte und eine gute Lagerung. Wollen Sie Fertigfutter verwenden, vergleichen Sie die Nährstoffangaben auf den Futtermittelbeipackzetteln mit den Angaben, die ich Ihnen über Vitamin- und Mineralstoffbedürfnisse gemacht habe. Hauptsächlich aber gucken Sie, woraus das Fertigfutter gemacht ist, und errechnen Sie, ob es dem Nährstoffgehalt einer Vollwerternährung aus Hafer, Heu und Stroh entspricht. Das wird nicht einfach sein. Vielleicht müssen Sie den Hersteller anrufen oder den Rat Ihres Tierarztes oder eines Ernährungsberaters in Anspruch nehmen. Doch diese Mühe wird Ihr älteres Pferd Ihnen durch ein gesundes, langes Leben mit Ihnen danken.

Pferde mit Zahnproblemen

Für ältere oder alte Pferde, die wegen fehlender Zähne oder Zahnschmerzen nicht mehr gut oder fast gar nicht mehr kauen können, müssen Sie Mash zubereiten. Es kursieren die verschiedensten Rezepte unter dem Stichwort »Mash«. Einmal geht es um einen Brei, der der Verdauung auf die Sprünge helfen soll. Als eine sol-

Mash
Weichen Sie den Hafer über Nacht ein, geben Sie dreimal soviel Weizenkleie, eine Handvoll geschroteten und vorher eingeweichten Leinsamen, ein bißchen Salz und Melasse dazu. Das Ganze wird mit kochendem Wasser übergossen und nach dem Umrühren eine halbe bis eine Stunde zum Quellen stehengelassen. (Die Zutaten kaufen Sie am besten bei einer bäuerlichen Einkaufsgemeinschaft. Im Reformhaus sind Weizenkleie zu teuer!)

che Zusatzgabe muß Mash viel gequetschten, eingeweichten Leinsamen enthalten. Für Pferde, die mit Mash ernährt werden sollen, weil sie anderes Futter nicht mehr kauen können oder nicht vertragen, müssen Sie den Brei nach den Vorlieben und Bedürfnissen Ihres Pferdes selbst zusammenstellen. Sie wissen am besten, wieviel gequetschten Hafer Ihr Pferd braucht. Ein solches Mash enthält Eiweiß, Fett und Kohlenhydrate für die Energie und Ballaststoffe für die Verdauung. Die Nährstoffe des Heus müssen Sie durch ein wohlbedachtes Vitamin- und Mineralstoffpräparat ersetzen.

Sie haben sich um die Gesundheitsvorsorge, den Stall und das richtige Futter für Ihr älteres Pferd gekümmert. Jetzt müssen Sie dafür sorgen, daß es genug frische Luft bekommt. Die kann es in einem Auslauf genießen, oder Sie bringen es, sooft es geht, auf...

Die Weide

Das Schönste, was Sie Ihrem älteren Pferd bieten können, ist Weidegang. Vor der Arbeit, nach der Arbeit, im Sommer und im Winter, als noch im Arbeitsprozeß stehendes Pferd (so redet man in der deutschen Wirtschaft!) und als Rentner, d.h. Gnadenbrotpferd. Abgesehen davon, daß es nicht immer leicht ist, in einem Reitstall eine Box mit Weidegang zu finden oder einen Bauern, der verspricht, Ihr Pferd auch bei unangenehmem Wetter hinauszubringen, bekommt ein älteres Pferd oft Schwierigkeiten in einer Herde. Das haben Sie sicherlich schon erlebt: Ein Pferd kommt neu in den Stall und soll mit anderen Pferden, die sich länger kennen, auf die Weide gehen. Der Neue wird beäugt, interessiert umrundet und dann entweder bald akzeptiert oder abgelehnt. Nicht von allen Mitgliedern einer Herde, doch von einigen. Das aber genügt, um einem Pferd das Leben schwerzumachen. Ist es noch jung, kann es sich wohl behaupten und sich einfügen.

Warum? fragen Sie. Warum werden ältere Pferde abgedrängt, gejagt und gebissen? Sie tun doch keinem anderen Kameraden etwas. Sie wollen nur ihre Ruhe. Ich werde Ihnen aus Leo N. Tolstojs Erzählung »Der Leinwandmesser« vorlesen. Die vollständige Geschichte von dem alten Pferd, das Leinwandmesser hieß und das es wirklich gegeben hat, steht in »Der Leinwandmesser und andere Erzählungen«, erschienen im Progress-Verlag, Darmstadt. Leinwandmesser erhielt diesen Namen, weil er ausgreifende Gän-

Abgedrängt oder angefein-
det zu werden, macht un-
glücklich.

Rechts: Es gibt kein schlechtes Wetter, sondern nur eine schlechte
Ausrüstung dagegen.

ge hatte wie die Bewegungen eines Lein-
wandmessers, eines Mannes, der damals
Stoffe abmaß und dabei die Arme streck-
te, soweit er konnte. Ich beginne an der
Stelle, an der Leinwandmesser mit einer
großen Gruppe anderer Pferde auf die
Weide gebracht worden war. Tolstoj
schreibt:

*Der scheckige Wallach war stets der
Leidtragende und die Zielscheibe für die
Streiche dieser glücklichen Jugend. (...) Er
war alt, jene waren jung; er war abge-
zehrt, jene waren wohlgenährt; er war
traurig, jene waren vergnügt. Folglich war
er ein völlig fremdes, andersartiges Ge-
schöpf, mit dem die übrigen Pferde nichts
gemein hatten und das sie nicht zu bemit-
leiden brauchten. (...) Aber den scheckigen
Wallach traf doch keine Schuld daran, daß
er alt und ausgemergelt war und absto-
ßend aussah, sollte man meinen. Doch
nach der Ansicht der Pferde war er schuldig, und im Recht sind immer nur die
Starken, Jungen und Glücklichen – diejenigen, die noch das ganze Leben vor sich
haben und bei denen vor überschüssiger
Kraft jeder Muskel zittert und sich der
Schweif steil in die Höhe erhebt. Es mag
sein, daß der scheckige Wallach dies auch
selbst einsah und sich in beschaulichen Au-
genblicken schuldig fühlte, daß er sein Leben bereits ausgelebt hatte und jetzt für
dieses Leben bezahlen mußte; aber er war
immerhin ein Pferd und konnte sich oft-
mals nicht eines Gefühls der Kränkung,
der Wehmut und der Empörung erwehren,*

wenn er all diese jungen Tiere betrachtete, die ihn dafür bestraften, was am Ende ihres Lebens sie alle erwartete.

Soweit Tolstoj. Abgesehen davon, daß ich das Gefühl habe, er spricht von alten Menschen und nicht von alten Pferden, zeigt uns der Schriftsteller, daß da ein Pferd mit anderen auf einer Weide steht, nur fressen und seine Ruhe haben möchte, aber nicht in Ruhe gelassen wird. Weil es alt ist! So kann es unseren älteren Pferden auch ergehen. Wir müssen sie vor solchen Qualen schützen und ihnen Gefährten suchen, die gern mit ihnen auf die Weide gehen oder im Auslauf spielen. Oft sind Ponys gute Beipferde oder nur ein einzelner Wallach oder eine Stute, den oder die Sie zu Ihrem älteren Pferd stellen.

Es ist nicht immer leicht, doch es muß für ein älteres Pferd eine Lösung gefunden werden, es täglich an die frische Luft zu bringen. Für mehrere Stunden. Im Winter vielleicht mit einer regendichten Decke, im Sommer mit der Möglichkeit, sich gegen Sonne und die Hitze unter einem Dach zu schützen. Ein älteres Pferd braucht seine Abwehrkräfte, um sich gegen alle möglichen Krankheitskeime zu schützen. Diese Abwehrkraft ist, wie gesagt, meist nicht mehr so stark. Darum müssen Sie bei ungünstigem Wetter zusätzliche Belastungen von Ihrem Pferd fernhalten, es aber auch nicht aus übertriebener Vorsicht bei kühlem Wetter im Stall lassen. Die frische Luft (für die Lungen) und die gleichmäßige, ruhige Bewegung (für Herz, Gelenke und die Verdauung) auf der Weide sind das, was Ihr Pferd gesund erhält. Dafür nehmen Sie bestimmt gern das Eindecken, das Abdecken, das Trockenreiben und das Beseitigen der vom Wälzen in der tiefsten Matschkuhle übriggebliebenen Lehmbrocken auf sich. Kein Wetter kann zu hart sein für Ihr älteres Pferd draußen, es muß nur von Ihnen wohlbedacht auf die gerade herrschende Witterung vorbereitet sein.

Auch ein paar Hände voll Hafer zusätzlich helfen, unwirtlich kaltes Wetter besser zu überstehen. Bei Kälte verbrennen Pferde mehr Kalorien, und die müssen Sie Ihrem Schützling wieder dazugeben.

Auch wenn Ihr älteres Pferd täglich auf der Weide oder im Auslauf einige Stunden verbringen kann, muß noch etwas Wichtiges von Ihnen mit größter Zuverlässigkeit durchgeführt werden, nämlich…

Die Bewegung

Sie wissen, daß sich bei regelmäßiger und nicht zu vorsichtiger Bewegung Muskeln bilden, die die Sehnen vor Überlastung schützen und somit ganz wichtig sind für ein Pferd, das geritten oder gefahren wird. Sie wissen auch, daß Bewegungspausen ganz schnell die Muskelmasse verkümmern lassen. Darum ist es ganz selbstverständlich, daß ein älteres Pferd, wenn es noch nicht in den tatsächlichen Ruhestand geschickt werden soll, zusätzlich zu seinem Weidegang **täglich** bewegt werden muß. Ja, täglich! Das heißt nun nicht, daß Sie täglich schweißtreibend reiten müssen. Im Gegenteil, das könnte ein Übereifer sein, der eher schädlich wirkt.

Bewegung, ohne das Reitergewicht, an jedem zweiten Tag ist für ein älteres Pferd lebensverlängernder als alles andere, was Sie für es tun können. Für Men-

Der Schimmel vom Alten Fritz

In einem Pferdebuch, das eine Freundin mir geliehen hatte, fand ich einen Zeitungsausschnitt mit einer Leserzuschrift. Er ist recht vergilbt, bestimmt zwanzig Jahre alt, und paßt gut zu unserem Thema hier. Die Frage der Leserin lautete:

In einem Film des regionalen Fernsehens wurde mehrmals DER SCHIMMEL VON MOLLWITZ genannt. Welche Bewandtnis hat es mit ihm?

Die Antwort der Redaktion war folgende:

Nach der Schlacht bei Mollwitz am 10. April 1741, in der Preußen über Österreich siegte, ritt Friedrich der Große einen damals mindestens sechzehn Jahre alten Schimmel. Ohne Ruhepause und ohne Futter trug dieses Pferd den König nach Oppeln und wieder zurück, hundert Kilometer weit. Für diese Leistung bewilligte ihm Friedrich das Gnadenbrot. Er ordnete an, daß der Schimmel an schönen Tagen im Berliner Lustgarten frei laufen durfte. 1756 hat der König ihn noch einmal geritten (also war der Schimmel, wenn ich richtig gerechnet habe, einunddreißig Jahre alt) und sich gefreut an der ›Vollkommenheit des alten Militärpferdes in allen Gängen‹. 1762 starb der Schimmel und wurde von den Reitknechten feierlich begraben. (Rechnen Sie mit? Ich kriege siebenunddreißig (37!) Jahre heraus.)

Ja, nun wüßte ich gern, wie der

Schimmel ernährt worden ist. Mit Hafer, Heu und Stroh von Friedrichs bäuerlichen Lieferanten oder mit Fertigfutter der Firma Horsefeedingsuccesscompany + Co. aus Kleinnirgendwo?

Ließ die gute alte Zeit
Pferde länger leben?

schen übrigens auch. Durch Bewegung wird Kalzium in die Knochen zurücktransportiert, die Lungen reinigen sich, die Muskeln werden aktiviert, die Verdauung arbeitet besser, das Pferd entspannt sich nach langem Stehen und genießt den angeregten Kreislauf und die vermehrte Herztätigkeit, kurz gesagt: Es lebt auf. Dabei dürfen Sie, wie gesagt, gern vom Boden aus für die Bewegung Ihres Pferdes sorgen. Ist es noch nicht sehr alt, darf longiert werden, bei alten Pferden belastet das Im-Kreis-Herumlaufen die Gelenke zu sehr. (Zarewitsch, das Voltigierpferd, ist eine Ausnahme, die Ihnen sagt, daß im Grunde jede Entscheidung bei Ihnen liegt und nicht bei den Ratgebern der verschiedensten Sachbücher!) Spaziergehen an der Führleine, eventuell mit einem Kind im Sattel, ist

eine Möglichkeit, ein älteres Pferd zu bewegen, Laufenlassen in der Halle eine andere. Oder Sie reiten jeden Tag, immer abwechselnd nur Schritt oder leicht in allen Gangarten. Sie müssen beim Bewegen auf die Außentemperatur achten. Hitze macht alten Pferden zu schaffen (Herz und Lunge werden sehr beansprucht), sie schwitzen stärker und trocknen schneller aus. Auf langen Ritten, die Ihr Pferd noch gut schaffen kann, sollte es darum unterwegs getränkt werden. Ansonsten bewegen Sie Ihr Pferd am besten nach den Möglichkeiten, die ihm und Ihnen zur Verfügung stehen. Pferde, die manchmal lahmen, gehen oft williger und vollkommen klar, wenn sie nur zwei- oder dreimal in der Woche geritten werden. Andere Pferde, die Springen nicht mehr verkraften können, ohne Probleme

Longieren ohne Reiter auf einem weiten Zirkel schont Gelenke und Kräfte.

mit den Beinen zu bekommen, sollten ganz konsequent nur dressurmäßig und im Gelände wie beim Spazierreiten geritten werden. Wichtig ist immer das Aufwärmen vor der Arbeit und das Abkühlen danach. Lange Schrittphasen helfen dabei. Sie sind auch Balsam für das Gemüt, für Pferd und Mensch. Nie dürfen Sie eine Arbeit abrupt abbrechen. Ältere Pferde können im schlimmsten Fall einen plötzlichen Herztod erleiden. Auch Abwaschen nach der Arbeit und Trockenführen sollten selbstverständlich sein. Das dicke Winterfell muß vollständig getrocknet sein, ehe das Pferd in die Box zurückgestellt wird. Oder eine Decke bleibt so lange über den Nieren und den Schultern, bis jedes Pferdehärchen trocken ist.

Ich bin sicher, Sie finden das richtige Maß für Ihr älteres Pferd. Normalerweise reiten und bewegen Sie es weiter wie immer, nur jedes Jahr ein wenig kürzer und ein wenig anspruchsloser. Wichtig ist, **ein älteres Pferd nicht seine Kondition verlieren zu lassen**. Nie wird es dieses »Runterschrauben« wieder aufholen können. Soll es gesund und leistungsfähig gehalten werden, muß es auch im Training bleiben. Darum sollten Sie auch nach längerer Krankheit so bald wie möglich wieder mit dem Bewegen anfangen und nicht aus falsch bedachter Fürsorge einen reinen Grassommer einfügen. Oder einen Urlaub für Sie in der Karibik buchen, während Hugo sich auf der Weide mit seiner besten Freundin vergnügen darf. Ein Ersatzreiter muß her und Hugo dreimal in der Woche unter den Sattel nehmen.

Ich glaube, Sie behandeln Ihr Pferd seinem Alter entsprechend, und an fehlender Bewegung wird es nicht gelegen haben, wenn Ihr älteres Pferd eines Tages seinen Rentenanspruch anmelden muß. Doch das wird sehr spät sein, wenn Sie es versorgen, wie ein älteres Pferd versorgt werden muß. Sie wissen nämlich auch noch einige bestimmte, wichtige Punkte über…

Die Pflege

Sie wissen, wie Pferde gepflegt werden? Nun denn, ältere Pferde werden gepflegt wie andere Pferde auch. Nur noch umsichtiger und ein wenig besorgter. Das soll heißen, Sie gehen jeder Hautveränderung und jedem Krankheitsanzeichen sofort an die Wurzel. Und Sie pflegen Ihr Pferd nicht der Schönheit wegen, sondern tun das, was für seine Gesundheit wichtig ist, und lassen das, was der Schönheit dient, aber die Gesundheit beeinträchtigen könnte. Zum ersteren gehören die Fellpflege (Putzen regt den Kreislauf an, nimmt aber gleichzeitig viel

Der Kötenbehang ist der natürliche Schutz der empfindlichen Fesselbeuge.

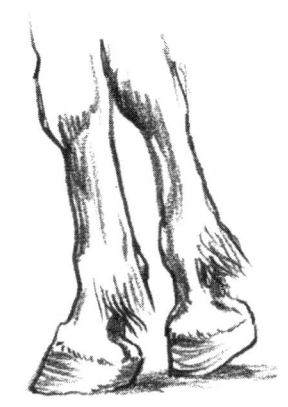

Stigandi – das Trekkingpferd

In einem Leserbrief von Gertraud Walz, der in der Januarausgabe 1995 im Pegasus Pferdemagazin erschien, heißt es:

Es war ein Glückstag für den jungen Stigandi, als er in den »Stall fürs Leben« kam – zu Ilse und Karl-Heinz Hegendörfer, beide begeisterte Pioniere im Trekkingsport und bis heute aktiv bei der Sache.

Geboren 1961 in Island, war Stigandi auf dem Kontinent ein Islandpferd der ersten Stunde. Erst gerade angeritten und extrem scheu, war er im Alter von neun Jahren mit dem Schiff aus seiner fernen Heimat nach Deutschland gekommen.

Auf den ersten sensationellen Überlandritten von den Bayerischen Alpen bis in die Lüneburger Heide bewährte sich der kleine, stämmige Isländer als ideales Reisepferd in bequemer Gangart. Stigandis enormer Gehwille und absoluter Gehorsam und seine gute Gesundheit waren die wesentliche Voraussetzung für viele tausend Kilometer auf guten und schlechten Wegen, die dieses treue Trekkingpferd im Laufe seines langen Lebens zurückgelegt hat.

Ob Wind und Wetter, ob Hitze oder Frost: »Kein Tag ohne Reiten«, hieß es seit jeher in Hegendörfers Stall! Stets stand Stigandi im Training,

um den Anforderungen im Trekkingsport gerecht zu werden. Trekkingritte privat oder wettkampfmäßig, das Team war immer gut in Form – fünfmal in Folge wurde Hegendörfer deutscher Trekkingmeister auf Stigandi. Ein Comeback im Trekkingwettkampf hatte Stigandi seit Ende der achtziger Jahre mit Hegendörfers Tochter Svantje. Schon als Baby bekannt in Trekkingkreisen, sammelte sie bereits als Siebenjährige im Team mit den Eltern Preise und Trophäen mit Pepsi, wie er im Familienkreis liebevoll genannt wird. Landauf, landab – im Schwarzwald und Taunus, im Franken- und Hohenloher Land – war das Team »Die rasenden Isländer« am Start mit dem ältesten Pferd und der jüngsten Reiterin. Neben den vielen Pokalen war eine der bedeutendsten Anerkennungen ein Konditionspreis für den trotz hohem Alter bestens trainierten Stigandi. 1990 ritt Svantje Hegendörfer erfolgreich eine Trekking-B-Kombination in äußerst schwierigem Gelände und allen Prüfungen an einem Tag. Mit dem erfahrenen Pferd gab es für die erst Zwölfjährige keine Probleme.

Inzwischen ist Stigandi aus dem aktiven Sport ausgestiegen. Mit einem großen Fest im Freundeskreis wurde der 30. Geburtstag gefeiert. Wenig beeindruckt und mit vornehmer Zurückhaltung beobachtete das alte Pferd den Trubel aus sicherer Entfernung. Zeitlebens war er eine ausgeprägte Persönlichkeit. Noch heute ist sein Freiheitsdrang ungebrochen – ein ungezähmtes Wildpferd auf der Weide, ein rasanter Isländer unter dem Sattel.

Von Rentnerdasein oder Gnadenbrot ist noch lange keine Rede. Stigandi wird regelmäßig geritten und fährt im Sommer mit seiner Familie in die Ferien. In seiner zweiten Heimat, dem Hohenloher Land, einer besonders gebirgigen Gegend, macht es ihm keinerlei Mühe, mit den wesentlich jüngeren Pferden Schritt zu halten. Gelenkig geht er bergauf und bergab, watet brav durch Flußfurten und ist in der Ebene oft fast nicht zu bremsen.

Unnahbar wie eh und je, läßt er sich immer noch am liebsten nur von Svantje einfangen. Es ist bekannt, daß alle Isländer eine Schwäche für kleine Mädchen und junge Damen haben – Stigandi und seine Svantje sind ein unzertrennliches Team.

Fett aus dem Fell, das im Freien ja die Feuchtigkeit abweisen soll. Da müssen Sie einen Mittelweg finden), die Hufpflege, die Reinigung des Sattelzeugs und dessen Unterlagen, der Schutz vor Fliegenbelästigung und die Behandlung von Insektenstichen im Sommer, das Unterlegen der Eisen mit Hufgripp sowie das Eindecken bei zu viel Regen oder zu starker Kälte im Winter. Beim zweiten Punkt meine ich das Scheren des Winterfells und das Kürzen der Fesselhaare. Ihr älteres Pferd, das täglich einige Stunden im Freien verbringt, braucht sein Fell als Kälteschutz, Decken sind nur Hilfsmittel. Und die Fesselhaare braucht es, um die Fesselbeugen trocken zu halten. Auch wenn Ihr älterer Lucifer mit dem langen

Meteor, Fritz Tiedemanns Dicker

Meteor war ein Holsteiner und wurde 1943 geboren, schon zu Lebzeiten, 1959, hatten die Kieler ihm ein Denkmal aufgestellt. Meteor war groß und schwer, er wog 13 Zentner, und doch hat er sich und seinen Reiter über die gewaltigsten Hindernisse der Welt getragen und an den Olympischen Spielen in Helsinki, Stockholm, London und Rom teilgenommen. Als er achtzehn Jahre alt war, gelang ihm sein 150. Sieg. In diesem Alter meisterte er auch noch einmal den schweren Derbykurs in Hamburg und wurde Sechster. Daran hatte sich wohl Vivaldi, der irische Wallach von Nelson Pessoa, erinnert, als er kürzlich, siebzehnjährig, zum drittenmal in Folge dieses Springen gewann und versprach, nächstes Jahr, also als Achtzehnjähriger, wiederzukommen unter dem Sohn des siebenmaligen Derbygewinners Pessoa. Dritter in diesem Springen wurde ein neunzehnjähriges Pferd, Padison, unter einem Ägypter!

Fritz Tiedemann beschloß, Meteor zu pensionieren, als er selbst zum letztenmal auf einem Turnier im Sattel saß. Gemeinsam wurden die beiden in einer Feierstunde, am 2. Juli 1961, in Aachen verabschiedet. Meteor zog mit seinem Reiter nach Heide und lebte dort am Haus der Familie mit einem kleinen Pony als Spielgefährten. Doch da so viele Menschen dieses einmalige Pferd sehen wollten und täglich mehrere Busse (sogar aus der Schweiz!) nach Heide kamen, entschloß sich Fritz Tiedemann, Meteor in die Elmshorner Reitschule zu geben, die Meteor gut kannte. Dort ist der Dicke dreiundzwanzig Jahre alt geworden. Nur einen Tag war er sichtbar krank, dann schlief er ein.

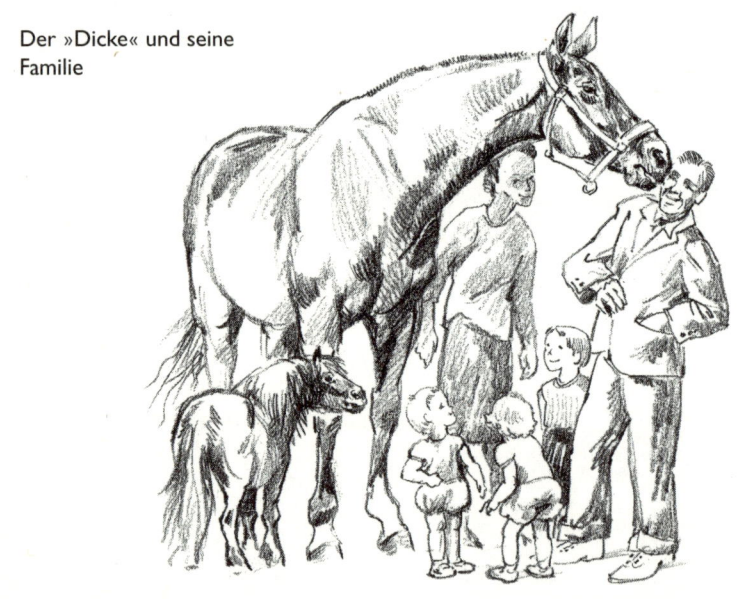

Der »Dicke« und seine Familie

Zuviel der guten Pflege kann schädlich sein.

Fell und den zotteligen Haaren an den Beinen alt und verlottert aussieht, glauben Sie mir, es geht ihm besser mit diesem natürlichen Aussehen, als wenn er mit glänzendem Kurzhaar und elegant beschnittenen Fesselbeugen vor Ihnen stehen würde. Und legen Sie eine weiche, waschbare Unterlage unter die Decke, mit der Sie Ihr Pferd bei starker Kälte nach draußen bringen oder im Offenstall eindecken. Das schont die Haut.

Mehr müssen Sie nicht extra bedenken bei der Pflege eines älteren Pferdes. Sie sollten nur mit erhöhter Aufmerksamkeit und Liebe all diese Arbeiten verrichten, die getan werden müssen, wenn man ein Pferd besitzt. Ihre Anuschka wird es Ihnen mit guter Gesundheit danken und Ihnen täglich mit einem Wiehern oder einem leichten Nasenstüber zeigen, wie zufrieden sie ist.

Wir haben jetzt recht eingehend über ältere Pferde gesprochen, die zwar nicht mehr im Besitz der Leistungskraft und eventuell auch nicht mehr der Gesundheit sind, die sie als junge Pferde gehabt haben, die aber durchaus noch geritten und gefahren werden können, wenn ihre Besitzer Rücksicht auf ihre Beeinträchtigungen nehmen. Und wir haben erkannt, daß für viele Reiter ein älteres Pferd von Vorteil ist. So haben die meisten Pferde das Glück, auch im höheren Alter noch gebraucht und geliebt zu werden. Doch eines Tages ist es soweit, das Älterwerden ist abgeschlossen...

Ein Pferd ist alt

Ein Pferd, das viele Jahre bis ins hohe Alter mit den Menschen gearbeitet hat, darf nicht weggeworfen werden wie ein ausgemusterter Gegenstand, wenn es zu alt geworden ist, um seinem Besitzer noch nützlich sein zu können. Es hat einen Anspruch auf...

Das Gnadenbrot

Ich möchte Ihnen kurz eine Geschichte nacherzählen, die James Herriot in seinem Buch »It shouldn't happen to a vet« veröffentlicht hat. Da sprechen James und sein Chef Siegfried am Morgen über Farmer, die so viele Tiere besitzen, daß diese nur noch als Milch- und Fleischproduzenten angesehen werden können und keine Gefühle der Menschen für die Tiere vorhanden sind. Die beiden Tierärzte versuchen zu verstehen, daß ein überlasteter Farmer all seinen Tieren nicht auch noch Liebe entgegenbringen kann. Doch dann wird James auf einen großen Hof gerufen. Er soll zwei Pferden die Zähne raspeln. James erlebt eine Überraschung. Der alte, geldgierige Farmer, der sein Leben lang hart gearbeitet hat, ist reich geworden, aber geizig geblieben, gönnt sich nichts, hat keine Frau und lebt ärmer als seine Knechte. Der wortkarge Mann nimmt einen Ballen Heu auf eine Forke

und sagt: »Wir müssen zum Fluß hinuntergehen.« Es ist kalt draußen, und es ist ein weiter Weg über die Felder. Der Tierarzt hechelt hinter dem alten Mann her. Seine Instrumententasche ist nicht so schwer wie der Ballen Heu auf der Schulter des Farmers, doch James bleibt immer weiter zurück. Am Zaun einer Schafweide arbeiten drei Männer der Farm. Freundlich grüßen sie ihren Chef. Doch der antwortet nicht. Er murmelt nur: »Die sollen arbeiten und nicht dumm herumreden«, und hastet weiter. Als sie die Weide am Fluß erreichen, scheinen die Arme des Tierarztes länger geworden zu sein, seine Tasche wurde schwerer und schwerer. Doch der alte Farmer ist nicht erschöpft. Er wirft das Heu auf den Boden und sagt: »Da, meine beiden alten Pferde! Die haben es gut hier. Sie haben einen Unterstand, der schützt sie im Sommer vor der Sonne und im Winter vor der Kälte.« Der Tierarzt sieht, daß der Wallach und die Stute sehr alt, aber in tadelloser Verfassung sind. Er raspelt ihnen die Zähne. Er kann nicht erkennen, wie alt die Pferde sind. Alle Zeichen sind lange verschwunden. »Meine Pferde sind dreißig«, sagt der Farmer, »sie haben sich ihr Gnadenbrot verdient.«

Beim Verlassen der Farm trifft der Tierarzt einen der Männer, die den Zaun repariert haben. Der Mann sagt: »Ja, der

Das Gnadenbrot bei einem
Geizhals: Pferdeliebe läßt so
manchen über seinen Schat-
ten springen.

Alte geht täglich den weiten Weg über die Felder, um die Pferde zu versorgen. Seit zwölf Jahren! Bei jedem Wetter stapft er da hinunter. Er schleppt Korn und Heu zum Fressen und Stroh für das Bett der Tiere durch Regen, Wind, Eis und Schnee. Der Schlachter hätte ihm gutes Geld für die beiden Pferde gegeben. Doch er macht das. Drollige Geschichte, nicht?« James antwortet: »Ja, das ist eine drollige Geschichte«, und fährt heim.

Ich glaube, die Erzählung von Herriot sagt alles über die Art und Weise, wie alten Pferden der Lebensabend gestaltet werden sollte. Nur, wir haben nicht alle eine Wiese hinter dem Haus, zu der wir ja gerne hinunterstapfen würden, einen Bauern in der Nähe, der unser altes Pferd aufnimmt, oder einen Reitstall, dessen Betreiber ein sehr altes Pferd täglich auf die Weide bringt oder in einen Auslauf führt. Wo also kann ein altgewordenes, nicht mehr zu reitendes Pferd die letzten Jahre seines Lebens versorgt und behütet verbringen?

Wenn Sie Ihr altes Pferd bei sich behalten können, wäre das für das Pferd bestimmt die beste Lösung. Allerdings muß es täglich (nicht nur mit Ihnen eine Stunde) an die frische Luft gelangen und sich frei bewegen können.

In der Großstadt oder am Stadtrand haben sich viele Reitställe angesiedelt. Für Pferde in der Arbeit läßt sich da oft ein artgerechter Platz finden, oder der fehlende Weidegang wird durch die Bemühungen des Reiters, sein Pferd wenigstens hin und wieder spazierenzuführen und an Gras knabbern zu lassen, wettgemacht. Ein altes Pferd aber darf nicht ausschließlich in einer Box leben und nur einmal am Tag ein bißchen in der Halle oder auf einem Platz laufen gelassen werden.

Gnadenhöfe

Kein Wunder, daß alle Menschen, die sich entschließen, ihrem Pferd das Gnadenbrot zu gewähren, darum an die Unterbringung auf einem Gnadenhof denken, einem Stall also, der Boxen und Weidegang und auch Pflege für alle Pferde anbietet, meistens ohne daß der Besitzer überhaupt erscheinen muß. Vielleicht haben Sie das Glück und finden einen Hof, der Ihnen passend erscheint, und auch die Betreiber sind zuverlässig. Ich möchte Ihnen aber keine Liste von Gnadenplätze anbietenden Höfen liefern. Eine solche Aufzählung würde suggerieren, ich hätte diese Gnadenhöfe angesehen und für gut befunden. Die Zustände auf einem solchen Hof ändern sich aber manchmal sehr schnell. Nicht immer ist es die Schuld des Besitzers, wenn er in Geldnot gerät und darum seine Versprechungen nicht halten kann. Es gibt Pferdebesitzer, die ihre alten Pferde dort abliefern und sich dann nicht wieder sehen lassen, oder nie einen Scheck schicken! Meistens versorgen die Gnadenhofbesitzer die Pferde dieser Menschen aus Tierliebe weiterhin wie alle anderen und geraten dadurch in Geldnot und manchmal an das Ende ihrer Existenzfähigkeit. Solche Hofbesitzer möchte ich ausdrücklich loben.

Die Strukturkrise in der Landwirtschaft bringt es mit sich, daß viele Bauern sich nach einem Nebenerwerb umsehen, der mit möglichst wenig zusätzlichem Arbeitsaufwand und Unkosten noch ein paar Mark in die Kasse bringt. Dagegen ist im Grunde nichts einzuwenden – solange das Angebot in Ordnung ist. Auf der nächsten Seite finden Sie eine Checkliste, die Ihnen die Beurteilung erleichtern soll.

Je größer das Werbeschild, desto genauer sollte man einen Gnadenhof unter die Lupe nehmen.

Ein altes, gesundheitlich vielleicht sogar mehr oder weniger angeschlagenes Pferd sozusagen »aufs Abstellgleis« abzuschieben nach dem Motto »die Natur wird's schon richten«, wäre äußerst unfair. Sie müssen sicher sein, daß der Betreiber des Gnadenhofs entweder selbst über so viel Pferdeverstand oder wenigstens Interesse verfügt, daß ihm auffällt, wenn ein Pferd abmagert, weil etwa die Zähne nicht mehr in Ordnung sind oder die anderern es nicht ans Futter lassen. Oder es muß gewährleistet sein, daß ein Tierarzt regelmäßig vorbeikommt und die Tiere im Auge behält. Es muß bemerkt und danach gesehen werden, wenn ein Pferd deutlich lahmt oder eine schwer heilende Verletzung hat. Sonst ist das Le-

ben dort keine »Gnade«, sondern eine Zumutung für Ihr Pferd.

Problematisch kann es auch werden, einen Heustauballergiker unterzubringen. Jahrelang hatten Sie seine Anfälligkeit vielleicht im Griff, weil er staubfrei gehalten und mit nassem Heu oder Pellets gefüttert wurde. Das läßt sich in einer Offenstallhaltung mit mehreren Pferden natürlich nicht durchführen. Es bleibt Ihnen nur die Möglichkeit, auszuprobieren, ob Ihr Pferd die neue Haltung verträgt. Frische Luft hat es genügend, und wenn das Heu von guter Qualität ist und im Freien oder doch unter einem Schutzdach mit viel Frischluft vorgelegt wird, wo sich weniger Staub entwickelt als in einem engen Stall, kann es gutgehen.

Für Sie bedeutet das, daß Sie zumindest am Anfang in kürzeren Abständen zum Nachsehen kommen müßten, um sich zu überzeugen, wie es dem Pferd geht und daß Sie nach Alternativen suchen müßten, wenn der Husten wiederkommt.

Liebe Leserin und lieber Leser, verstehen Sie nun, warum ich Ihnen keinen Gnadenhof empfehlen möchte, und sage, daß Sie sich selbst gut anschauen müssen, was sich als Gnadenhof anbietet? Sehr schnell werden Sie wissen, ob Sie Ihr Pferd den Menschen dort anvertrauen mögen oder nicht. Es gibt sehr gute Höfe. Vielleicht auch einen in Ihrer Nähe. Mundpropaganda wird Sie aufmerksam werden lassen. Vielleicht aber nimmt eine Familie mit Pferden hinter dem Haus Ihr altes Pferd auf, oder es findet sich ein Bauer, der neben noch aktiven Privatpferden auch eine Herde aus Veteranen zusammenstellt. Ich wünsche Ihnen viel Glück bei der Suche, und Ihrem Pferd auch.

Checkliste Gnadenbrothöfe

Anhand dieser Checkliste können Sie abschätzen, wie gut der Gnadenhof Ihrer Wahl wirklich ist. Eventuell muß man Abstriche vom idealen Hof machen, aber die Gesichtspunkte, die einen guten Hof auszeichnen (»+«), sollten ganz deutlich die schlechte Beurteilung (»–«) überwiegen.

	+	–
1. Haltung		
reine Weidehaltung		–
reine Stallhaltung		–
Box mit ganztägigem Auslauf	+	
Offenstallhaltung	+	
Einzelpferdehaltung		–
Pferdeherde über 20 Tiere		–
Pferdeherde 5 bis 20 Tiere	+	
2. Pflege		
keinerlei Pflege		–
Einheitsfutter Hafer/Heu		–
pferdeabhängiges Futter	+	
Fütterung durch den Pferdebesitzer		–
Fütterung durch den Hofbesitzer	+	
Boxensäuberung durch den Pferdebesitzer		–
Boxensäuberung durch den Hofbesitzer	+	
keinerlei Hufkontrolle		–
keinerlei Gesundheitskontrolle		–
regelmäßige Hufkontrolle (Hofbesitzer)	+	
regelmäßige Gesundheitskontrolle (Hofbesitzer)	+	
Tierarzt nur im Notfall		–
regelmäßige Wurmkuren und Impfungen	+	
regelmäßige Schmiedbesuche vom Hofbesitzer organisiert	+	
Hufpflege/Schmiedbestellung durch den Pferdebesitzer		–
3. Besitzerrechte		
Pferdebesitzer wird nicht gerne gesehen		–
Pferdebesitzer kann jederzeit zum Pferd	+	
Pferdebesitzer wird bei Problemen sofort informiert	+	

Pferde können sehr alt werden, das soll heißen, sie können mit leichten gesundheitlichen Beeinträchtigungen noch lange zufrieden leben, ohne sich zu quälen, wenn ihnen ein Gnadenbrotplatz zugewiesen wird, sich ein Mensch um ihr seelisches und leibliches Wohlergehen kümmert und ihre Artgenossen in einer Herde sie nicht zu sehr fühlen lassen, wie uninteressant sie geworden sind. Doch eines Tages werden sie so krank und/oder schwach, daß es naht, ...

Das Ende

Wenn Pferde nach einem langen Leben plötzlich eingehen, ist das für ihre Besitzer ein zwar trauriger, aber doch auch beruhigender Vorgang, der ihnen eine schwierige Entscheidung abnimmt. Verantwortungsvolle Pferdebesitzer erlösen ihre Pferde von zu großen Leiden, bei völliger Altersschwäche, nach Unfällen oder bei unheilbaren Erkrankungen, indem sie sie töten oder töten lassen.

Mit diesem Satz habe ich wohl die Frage nach dem Wann – wann soll ein Pferd oder wann muß ein Pferd getötet werden? – beantwortet. Auch bei dieser letzten Entscheidung steht wieder der Besitzer allein da. Niemand kann ihm die Beantwortung der Fragen Wann? und Wie? abnehmen.

Ein Pferd, das man jahrelang besessen hat, nun töten lassen zu müssen, weil es

Wenn nur irgendwie möglich, sollte man sein Pferd in dessen letzter Stunde nicht alleine lassen.

nicht mehr leben kann, tut sehr weh. Doch auch oder besonders in diesen letzten Stunden muß der Mensch seinen Kummer zurückdrängen und nur an das Pferd denken. Das bedeutet: Wenn das Pferd zum Schlachter gebracht werden muß, geht der Besitzer mit und überzeugt sich am Ende, daß sein Pferd auch wirklich tot ist. Ein Pferd wird seinen letzten Weg ruhiger gehen, wenn der Menschenfreund in der Nähe ist. Kann das Pferd dort, wo es zuletzt gelebt hat, getötet werden, sollte es so geschehen. Es findet sich jemand, der es erschießt (hinter dem linken Ohr in Richtung des rechten Auges), oder es kommt ein Tierarzt, der es mit einem überdosierten Schlaf- bzw. Narkosemittel, einem Barbitursäurepräparat, einschläfert, indem er das Mittel sehr schnell einspritzt. Manche Schlachter kommen auch zum Pferd! Im Gegensatz zum Töten beim Schlachter, das dem Pferdebesitzer noch Geld einbringt und ihm außer dem Transport keine Umstände macht, ist das Töten durch einen Veterinär nicht umsonst. Der Tierarzt kostet Geld, die Tierkörperverwertungsstelle allerdings, die gerufen werden muß, um den Kadaver abzuholen, nimmt nichts. Trotzdem wird das Argument des Abtransportierens von vielen Stallbesitzern als Grund angegeben, dem Pferd den Weg zum Schlachter nicht ersparen zu können. Diese Menschen wollen nur sich selbst etwas ersparen!

Wenn Sie selbst es nicht fertigbringen, am Ende bei Ihrem Pferd zu sein, wird Ihnen daraus niemand einen Vorwurf machen können. Sicher finden Sie einen Freund oder eine Freundin, die bei Ihrem Pferd bleiben, bis feststeht, daß es tot ist. Nie sollten Sie einem Händler, der verspricht, diese schwere Angelegenheit für Sie durchzuziehen, Ihr Pferd anvertrauen. Oft werden solche Pferde nicht sofort getötet, sondern über viele hundert Kilometer zu einem anderen Schlachtort transportiert, wo mehr Geld dafür zu erlösen ist. Die Leiden der Pferde auf solchen Transporten sind unbeschreiblich. Manchmal wird auch eine zum Beispiel unheilbar lahmende Stute an einen Züchter weitergegeben und muß unter Qualen noch ein Fohlen austragen. Ein Alptraum, nicht genau zu wissen, ob das eigene Pferd wirklich tot ist oder irgendwo bei fremden Menschen noch leidet.

Ihr älteres oder altes Pferd ist tot! Sie sind traurig! Sie sagen, einen solchen Partner werde ich nie wieder finden. Das stimmt. Doch Sie können nach einer angemessenen Trauerzeit einen neuen Pferdekameraden bekommen. Vielleicht wieder ein älteres Pferd. Sie wissen ja jetzt, wieviel ein solches Pferd noch leisten kann, wenn es seinen Schwächen oder Beeinträchtigungen entsprechend gehalten und bewegt wird. Sie wissen auch, wie ein älteres Pferd zu füttern und zu versorgen ist. Sie werden es wieder genauso und noch besser machen. Denn Sie haben ja nun gelernt, mit älteren Pferden umzugehen. Und Sie haben auch die Erfahrung gemacht, daß Sie jeden Tag mit Ihrem Pferd genießen müssen. Wenn Pferde auch sehr alt werden können – Sie wissen nie, was morgen sein wird. Freuen Sie sich also am Heute.

Register

Erlebnis Pferde